LINGNAN CAISHUIFANG

岭南财税坊

2017

广东地方税收科学研究所◎编

暨南大学出版社
JINAN UNIVERSITY PRESS

中国·广州

图书在版编目（CIP）数据

岭南财税坊. 2017／广东地方税收科学研究所编. —广州：暨南大学出版社，2018. 5
ISBN 978－7－5668－2409－7

Ⅰ. ①岭… Ⅱ. ①广… Ⅲ. ①地方税收—广东—文集
Ⅳ. ①F812. 765. 042－53

中国版本图书馆 CIP 数据核字（2018）第 130695 号

岭南财税坊·2017
LINGNAN CAISHUIFANG·2017
编　者：广东地方税收科学研究所

出 版 人：徐义雄
策划编辑：陈绪泉　杜小陆
责任编辑：陈绪泉
责任校对：高　率
责任印制：汤慧君　周一丹

出版发行：暨南大学出版社（510630）
电　　话：总编室（8620）85221601
营销部（8620）85225284　85228291　85228292（邮购）
传　　真：（8620）85221583（办公室）　85223774（营销部）
网　　址：http://www.jnupress.com
排　　版：广州良弓广告有限公司
印　　刷：广州家联印刷有限公司
开　　本：787mm × 960mm　1/16
印　　张：10. 25
字　　数：118 千
版　　次：2018 年 5 月第 1 版
印　　次：2018 年 5 月第 1 次
定　　价：35. 00 元

新时代　新智库　新作为

2015 年 1 月，中办、国办印发《关于加强中国特色新型智库建设的意见》，提出“努力建设面向现代化、面向世界、面向未来的中国特色新型智库体系”，标志着我国智库建设迎来了重大历史机遇期。2017 年 10 月，党的十九大报告再次强调“深化马克思主义理论研究和建设，加快构建中国特色哲学社会科学，加强中国特色新型智库建设”，这一重要论述为加快推进新时代新型智库建设指明了方向、明确了目标。作为向世界展示习近平新时代中国特色社会主义思想的重要窗口和示范区，广东始终坚持立足改革前沿，打造“理论粤军”，建设学术强省，推进新型智库建设，为繁荣我国哲学社会科学发挥了重要作用。

多年来，广东地方税收科学研究所始终坚持围绕税收中心工作和省局党组决策部署，发挥自身优势和地方特色，不忘初心，锲而不舍，在财税领域前瞻性、应用性、决策性研究方面坚持多出成果、出好成果。仅 2013 年以来，就有近 30 篇调研报告分别获得党和国家领导人、省部级领导的肯定性批示或圈阅，10 余篇研究报告分别获得省部级优秀科研成果一、二、三等奖，50 余篇专业文章发表在《税务研究》《学术研究》《国际税收》《中国税务》等国家级和省级刊物上，较好地发挥了参谋助手作用。在 2014 年 5 月召开的全省地税系统税收科研工作会议上，广东地方税收科学研究所首次提出

“着力打造行业特色鲜明财税智库”的目标，努力向新型财税智库转型。经过长期策划和精心准备，2017 年初创办“岭南财税坊”税收学术研讨活动，并将其作为打造财税智库建设的重要载体和平台。

《周易·系辞上》曰：“方以类聚，物以群分”。“岭南财税坊”最鲜明特征就是专业性和特色化。不同于传统的讲座、授课等形式，“岭南财税坊”每期活动都是聚焦当前财税领域最新的热点、焦点议题，邀请财税领域 5 ~ 8 名知名学者和税收实务专家以及数十名税务部门业务骨干齐聚一堂，按照“主讲报告→专家评议→交流研讨→互动提问→现场总结”顺序，参会专家学者和学员轮流阐述观点、表达看法，在交流中碰撞思想，在研讨中升华认识，兼收并蓄、有的放矢，把创新精神贯穿于主题讨论活动全过程。

现结集出版的《岭南财税坊（2017）》一书，完整收录了过去一年三期活动的全部成果。三期活动的主题分别是“当前我国减免税政策的经济社会效应”“大数据与税收征管新格局”“新时代与税务营商环境优化”。上述主题都是领导关注、社会关心的重大财税理论和实践问题，具有长远性、战略性、前瞻性，事关经济社会发展大局。三期“岭南财税坊”税收学术研讨活动主要邀请了来自中国社会科学院、中国人民大学、中南财经政法大学、暨南大学、广东财经大学等省内外知名财税院校，国家税务总局、中国税务学会以及广东、江苏、浙江等省份税务系统的众多专家学者作主题报告和评议，每期活动不仅得到了受邀专家学者和学员们的高度肯定和认可，在被《广东地方税务》、“广东地税微刊”微信公众号转载后，还引起了税务系统广大同仁的热烈反响和广泛关注。

“路漫漫其修远兮，吾将上下而求索”。乘着新时代的浩荡东风，我们将继续不忘初心，秉持工匠精神，为实现“着力打造行业特色鲜明财税智库”的目标而不懈奋斗，持续为加快实现税收现代化贡献力量！

是为序。

编　者

2018 年 5 月

目 录

第 2 期　转型与挑战：大数据与税收征管新格局

第3期　新时代与税务营商环境优化

第 1 期　减免税政策的经济社会效应

【研讨综述】

深入探讨当前我国减免税政策的经济社会效应

谢丽文

（广东地方税收科学研究所）

2017 年 9 月 11 日，由广东省地税局科研所、广东省地税干部进修学校联合主办的 2017 年第 1 期“世界咖啡馆 · 岭南财税坊”在广东省地税干部进修学校正式开讲。本次论坛邀请了中国人民大学财政金融学院马光荣副教授主讲“当前我国减免税政策的经济社会效应”，来自对外经济贸易大学、暨南大学、广东财经大学、广东外语外贸大学、广州市地税局等单位的数位专家受邀进行评议，全省地税系统的近百名业务骨干现场参与了活动。本期“世界咖啡馆 · 岭南财税坊”由广东省地税局科研所向景所长主持，广东省地税干部进修学校王永民校长致辞。

与会专家学者围绕“当前我国减免税政策的经济社会效应”这一主题进行了深入探讨和交流，并对减税政策下一步走向，即“要不要继续减税”“如果要继续减税，减什么税”两个核心问题进行了研判。

一、减税与经济蛋糕的关系

马光荣副教授认为，减税效应有需求和供给两种渠道，减税提高税后收入，增加消费和投资的需求，是短期作用；减税提高了要素供给者的报酬，刺激要素供给的增加（或要素的流入），起长期作用。此外，减税还具有乘数效应，相关研究表明，美国税收占 GDP 比重降低 1%，将带动 GDP 提升 2% ~3%。以此乘数测算，2016 年我国税负率下降了 0.6 百分点，引致 GDP 增长 1.2 ~1.8 百分点。因此，减税目的在于促进效率，做大经济蛋糕而不仅仅是重分蛋糕。不同经济阶段减税的乘数效果有差异。经济处于衰退期，减税同时具有供给侧效果和拉动需求效果，乘数较大，反之则小。

对于减税的乘数效应，暨南大学经济学院副院长刘金山教授提出，减税引起近 3 倍 GDP 增长效应，是否同样适用于中国国情的思考。不良的政策会缩小蛋糕，减税受微观经济体支持。减税须先判断是税制不适应还是产业结构调整需要，减税应实行全面减税还是结构性减税。税种、税基或是税率的调整，传导机制不一样，效果则不一。他还认为，我国实行的减税主要是结构性减税。结构性减税，是供给侧结构性改革的政策起点之一。减税，虽然只有两个字，但是一个系统性工程，涉及错综复杂的利益图景。

对外经济贸易大学国际经济贸易学院李明副教授则结合国内外经济形势，强调了四点：一是减税措施的第一步应是评估减税效果，欧美注重借助研究的支撑评估减税效应，据评估结果实行客观而谨慎的减税措施。中国的税收乘数低于发达国家，我国减税受益空间不如预期强。二是我国税负是高还是低，不同的评估机构结果不一，更倾向于我国企业承担的税负不低。三是减税应考量支出规模问题，支出规模预测研究是减税工作的出发点，而目前支出的压缩空间有限。四是国有企业负担重，私有企业对减税政策不敏感，需关注地下经济向地上经济转型。减税在实施过程中会存在扭曲，企业为了获取政策可能存在虚假行为。

二、降企业税负与下一步减税方向

马光荣副教授认为减税需要关注两大问题：一是是否需要进一步减税？这取决于：①2016 年我国的广义宏观税负率近 30%，低于发达国家平均水平，我国国情下需要多高的宏观税负率，取决于公共品的增减。我国现阶段是以促进经济增长为目的，降低企业税费有利于提升社会生产水平。②经济增长降速是周期性还是新常态引致？若是周期性引致则是有效需求不足，减税提升需求作用明显，若是完全由新常态引致，减税只有供给侧作用，效果不明显。当前我国经济降速兼具新常态和周期性，有必要继续减税。③发达国家掀起减税浪潮，特别是以美国为代表的减税，给我国带来了外部压力，为防止资本和企业外流须减税。④财政支出扩张，减税引起赤字率上升。政府支出不可缩减，若支出减少，拉动需求作用削弱。我国债务率低于 60% 的警戒线，仍在安全线内，但赤字率已处于警戒线上，减税空间有限。二是如果减税，下一步应减什么税？他不建议减个人所得税，减个人所得税受益人群是高收入群体，不利于缩小收入差距。相比增值税，企业更关注企业所得税，欧美国家减税亦首减企业所得税，我国若不减将会影响外资流入。

广州市地税局党组成员李健强副局长表示，减税是社会减压阀、稳定器，对经济社会发展起积极作用。广东省地税局党组重视税收优惠政策的落实，对未落实好优惠政策的相关部门实施问责。落实税收优惠政策，一是完善信息化手段，如加速折旧程序烦琐，企业享受优惠积极性不强，须完善具体措施，勿让最后一公里抵销优惠的积极作用；二是清理不合理的税收优惠政策，如外籍人员的超国民待遇；三是土地增值税执行效果不佳，未抑制反而助高房价，因其账务处理可以税前扣除，其可转嫁性促使增值税越高，推动房价上涨，建议降低土地增值税税率，设置中性比率税率；四是大中型企业所得税税率是否需要降低有待探讨，企业所得税税率更适用超额累进税率。

广东外语外贸大学广东国际战略研究院黄亮雄副教授表示，减税须先确定减税目的，减税是为了保持一定财政支出的基础上降低企业成本，增强企业活力，提高经济效益。减税强调精准优惠，重视政策落实效果问题。此外，减税可倒逼部门提高运行效率，构建良好的营商环境。减税仅是营商环境建设中的一部分，除减税外还须考虑人才环境、融资环境，联动优化环境等问题。

三、降企业费负与减税空间

马光荣副教授指出，降低企业税费负担除了降税还有降费。我国政府行政性收费约占税收的1/3，一直未有明显下降，而减费涉及多个部门，需要破除部门利益。我国社保缴费率总体较高，近年占

GDP 比重上升，但各省社保缴费情况不一，部分省存在养老金缺口，实际缴费率地区差异大。降低社保费不仅仅是降社保费率的问题，而是涉及社会保险费体制改革的问题，须加快建立多层次社险体系、加大国有企业向财政分红等配套改革同步推进。

广东财经大学广东地方公共财政研究中心主任姚凤民教授表示，减免税不等于“营改增”“中小微企业所得税优惠”，须关注供给侧结构性改革下减税的目标，税收是否为企业成本中占比最高的一部分，税收占比的大小可反映减税空间大小。此外，须考虑企业盈亏平衡点，不可将减税作为企业“止疼药”，减税效应须注意社会痛苦指数、社会影响，若减税变成政治任务则偏离方向。一定时期减税具有临时性，降低税率固然简单，但是税率法定，短期内减税采取优惠政策较合适。

广东财经大学财政税务学院周少君博士认为，我国政府债务总体可控，但隐性债务不容乐观。中小企业实际有效税率与国际上比较并不高，对中小企业的直接税减税计划是可行的。但他也认为，税收政策落实难度大，科技型企业因账务须接受稽查而不愿享受政策，更倾向于税收政策规范，规范基础性优惠、行业性优惠等。研究者对于减税效果存在不同意见，西方税制是所得税，直接税减税效果简单，中国多数是流转税，不同产业减税效果不一。

最后，与会专家学者与现场听众进行了互动交流。向景所长对本期“世界咖啡馆·岭南财税坊”进行了总结，活动在热烈的掌声中圆满结束。

【主持人语】

努力打造广东地税科研的一张新名片

向　景

（广东地方税收科学研究所所长）

在这秋风送爽的美好季节，“世界咖啡馆·岭南财税坊”（总第1期暨2017年第1期）在美丽的广东省地税干部进修学校开讲了。首先，我代表广东省地税局科研所，对各位的到来表示热烈的欢迎和衷心的感谢。

近年来，从中央到地方，都非常重视哲学社会科学发展和智库建设。中央印发了《关于加强中国特色新型智库建设的意见》，明确智库是党和政府科学民主依法决策的重要支撑。广东省委省政府提出要立足前沿，打造“理论粤军”，建设学术强省。广东省地税局党组也多次强调，要把广东省地税局科研所建设成行业特色鲜明的财税智库。

这么多年来，广东省地税局科研所不忘初心，一直在努力向财税智库转型，在财税领域前瞻性、应用性研究方面，在同行中积累了一定的口碑，多篇调研报告多次获得省部级以上领导人肯定性批示，十几次获省部级优秀科研成果奖，在服务中心工作、服务上级党政领导决策方面，发挥了较好的参谋助手作用。

今天，“世界咖啡馆·岭南财税坊”既是我们在财税智库建设方面的一次大胆尝试，又是今后我们财税智库建设的重要载体和平台。众人拾柴火焰高，我们希望凝聚大家的智慧，汇集合力，把我们的“岭南财税坊”打造成聚贤育才的智囊库、建言献策的思想库、普及税收知识的知识库。我们相信，在大家的共同努力下，不久的将来，这一目标一定会实现。

本期“岭南财税坊”的主题是“当前我国减免税政策的经济社会效应”。我们非常荣幸地邀请到了中国人民大学财政金融学院马光荣副教授作为主讲人。马光荣副教授是我国财税领域的知名专家，在《美国经济评论》《中国社会科学》《经济研究》等国内外顶尖刊物发表了多篇文章，产生了较大的社会影响，在减免税领域的研究非常深入，相信大家一定会收获满满。请大家以热烈的掌声表示欢迎！

我们还会把今天的成果整理后在《广东地方税务》、“广东地税微刊”微信公众号进行宣传。以后，我们会定期或不定期举办类似的活动，并将活动的成果汇编成册，公开出版，力争把“岭南财税坊”打造成为广东地税科研的一张新名片！

预祝本期“岭南财税坊”圆满成功！

【嘉宾致辞】

完美的联姻，多赢的格局

王永民

（广东省地税局干部进修学校校长）

9 月 11 日，“世界咖啡馆 · 岭南财税坊”2017 年第 1 期在广东省地税干部进修学校成功举办。本期的研讨主题是“当前我国减免税政策的经济社会效应”，由中国人民大学马光荣副教授主讲，来自北京和广东财税界的多名知名专家和学者出席了论坛，在学校学习的全体学员，包括全省地税科级干部任职培训班和提升年轻干部能力素质培训班等的学员参加了论坛。

“世界咖啡馆”为什么会和“岭南财税坊”结合？“世界咖啡馆 · 岭南财税坊”的由来和宗旨如何？我想这是很多人想了解的问题。

“世界咖啡馆”是广东省地税干部进修学校精心打造和推广的一门研讨教学课程。它是一种集体研讨学习的教学模式，是一种开展工作会议的方式，也是一种有效解决问题的方法。它以会员集体研讨为主，整个讨论过程围绕着工作中真正重要的、与会人员关心的问题进行，重在用对话找答案，体现集体的创造力，强调合作，强调共赢，强调会谈形成的成果。

“岭南财税坊”是广东省地税局科研所经过长时间筹备，准备定期举办的一个财税专题研讨活动。它的研讨方向以当前财税领域最新的热点、难点、重点为主，论坛邀请财税领域年轻的专家或者学者主讲，每次一个演讲主题，主讲人讲完后，邀请相关主题的众多专家或学者进行现场点评分享，并且论坛强调与观众进行互动。“岭南财税坊”计划每季度举办一次，每次不同主题，每年将研讨成果结集成册出版。

“世界咖啡馆”和“岭南财税坊”的结合，像一次完美的联姻，形成了多赢的格局。

一是实现了内容和形式的有机结合。“世界咖啡馆”是一种新颖的有别于以往讲授或者研讨的教学模式，将与会人员按照4~6人一组的形式，分成若干组，每组一个组长，进行三轮小组讨论，每轮小组讨论还要求更换不同的与会人员进行讨论；小组讨论过后，进行大组分享和研讨总结。“岭南财税坊”重在内容，强调的是财税方面的专题，结合当前经济政治形势，对财税领域的热点和难点问题进行研讨。“世界咖啡馆”和“岭南财税坊”的结合，是将不同的论坛内容赋予了新型的研讨形式，内容和形式都能够紧跟时代潮流。

二是实现了教学与科研的有机结合。“世界咖啡馆”现在主要运用在教学培训领域，侧重的是教学方法的改革和创新，是深受欢迎的一种研讨方法。“岭南财税坊”是科研工作领域的一种创新。“岭南财税坊”采用“世界咖啡馆”方法，每次论坛让一位专家主讲，其他专家对主讲的主题进行点评和深入研讨。这种研讨方法开拓了论坛的形式，对论坛研讨内容的深化起到很好的催化作用。

三是实现了理论与实践的有机结合。理论来源于实践，理论又能变成实践的力量。理论只要掌握群众就能变成实践的力量。理论如何掌握群众？这就要求理论要触及实质，揭示出事物的本质。“岭南财税坊”探讨的是理论问题，它采用“世界咖啡馆”形式时，面对的是税务干部，是从事具体财税工作的众多领导和实际工作者，这就要求它要直面实际的财税问题，要做到理论和实践的互动和互助。这样，才能成功地举办每一期“世界咖啡馆·岭南财税坊”。

我相信，只要“世界咖啡馆·岭南财税坊”坚持以上三个有机结合，就会持续结出集体智慧的硕果。

【主讲报告】

当前我国减免税政策的经济社会效应

马光荣

（中国人民大学财政金融学院副教授）

一、减免税的历史梳理

减税是过去二十多年来我国税收政策的一个大转折。2008 年金融危机爆发后，中央提出实施“结构性减税”，出台了若干重要减税政策（见表 1），每年减税规模达数千亿元，其中增值税和所得税是减税规模最大的税种。2015 年开始，中央提出实施“供给侧结构性改革”，减税成为企业“降成本”的重要举措，全面推行“营改增”就是“降成本”的重头戏。2016 年 7 月，中央政治局会议首次提出要“降低宏观税负”，改变了之前多年一直提的“稳定宏观税负”。图 1 显示，我国税收收入占 GDP 的比重（即狭义宏观税率）在 2013 年出现了拐点。1994 年分税制改革之后，税收增长速度连年超过 GDP 增长率，狭义宏观税率从最低点时的 9.7% 逐年上升到了 2012 年最高点的 19.4%。2013 年后狭义宏观税率开始出现下降，到 2016 年已经下降到了 17.5%，相比于 2012 年最高时下降了近 2%。

表 1　2008 年以来实施的重要减税政策

序号	改革	开始时间
1	全面实施增值税转型改革	2009 年 1 月
2	降低增值税小规模纳税人征收率	2009 年 1 月
3	大幅提高增值税和营业税起征点	2011 年 11 月
4	提高部分产品增值税出口退税率	2008 年
5	对资源综合利用产品劳务给予增值税优惠	2011 年 1 月
6	对集成电路和软件产品给予税收优惠	2011 年 1 月
7	减轻小型微利企业税收负担	2010 年 1 月
8	暂免个人储蓄存款利息所得税	2008 年 10 月
9	提高个人所得税的费用扣除标准	2011 年 9 月
10	战略性新兴产业固定资产加速折旧	2014 年 1 月
11	“营改增”	2012 年 1 月开始试点，2016 年 5 月全面实施
12	扩大小微企业享受所得税减半征收范围	2017 年
13	科技型中小企业研发费加计扣除比例由 50% 提高到 75%	2017 年

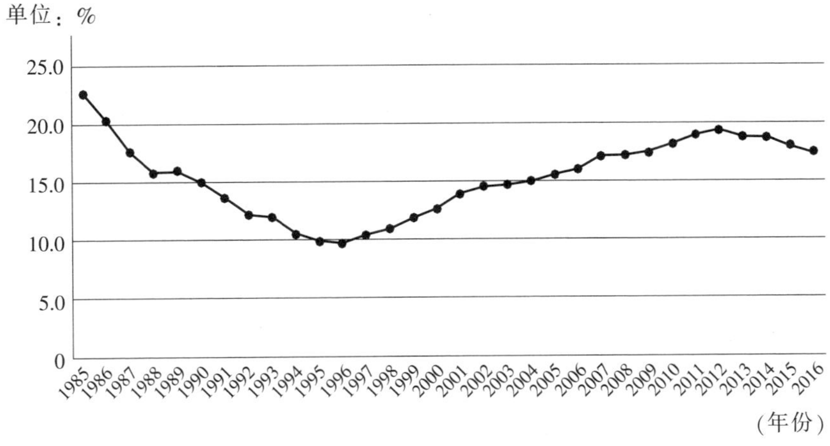

图 1　政府税收收入占 GDP 的比重

二、减税的经济效应分析

税收是政府从 GDP 蛋糕中切走的部分。减税，意味着政府切走的比例减少，留给私人部门的比例上升。但是，减税并不仅仅是重分蛋糕的比例，其意图是做大 GDP 蛋糕，通过减税拉动 GDP 的增长。

从经济学理论上看，减税提振宏观经济的作用机理有以下两个：首先，新古典经济学理论认为供给自动创造需求，因此经济增长有赖于劳动、资本等投入要素供给增加和有效利用。减税提高了要素提供者的税后回报，因此增加了私人部门供给要素的积极性，从而可以增加产出。西方供给学派支持减税，其理论基础也是如此。其次，凯恩斯经济学理论认为，经济在短期内的不景气，是因为有效需求不足，提振经济需要增加总需求。减税增加了私人部门的可支配收入，私人部门有更多的钱用于消费和投资，因此总需求会增加。由于凯恩斯经济学分析的是短期宏观经济波动，因此，减税对经济的拉动作用主要体现于经济不景气时期。而新古典经济学理论认为，减税对经济的拉动作用是长期存在的。

税收最核心的职能是政府组织财政收入，用以提供公共品，从而满足社会的需要。“用之于民”，这是税收的“良性”一面。但是，税收是“取之于民”的，政府从民众手上切走蛋糕，会损害私人部门的积极性，从而降低社会总产出，这是税收的“毒性”一面。税率越高，税收的“毒性”将边际递增，而此时公共品提供量增加所带来的“良性”将边际递减。因此，对于一个国家而言，需要权衡一个最优的税率。当税率太低，税收的良性将超过毒性，此时社会还非常需要更多的公共品，因此应该加税。当税率太高，税收的毒性将超过良性，此时则应该减税。

以往研究表明，一国宏观税率降低 1 百分点，将拉动 GDP 增长 2 ~ 3 百分点。如果这一乘数效应在我国也成立，那么我们可测算出当前我国减税对提振宏观经济的效应有多大。2016 年，我国税收占 GDP 比重降低了 0. 6 百分点，GDP 将因此多增长 1. 2 ~ 1. 8 百分点。2016 年我国实际 GDP 增长率是 6. 7% ，因此如果没有减税政策的话，我国 GDP 增长率将可能破 6 甚至是破 5。当然，在我国当前这段时期，税收乘数究竟有多大，还有赖于进一步深入的研究。

目前，中国 90% 以上的税收是由企业缴纳的，企业所得税和流转税（包括增值税、消费税、原营业税等）是企业缴纳的主要税种。我们可以从微观作用渠道上，分析所得税和流转税对企业绩效的影响机制。企业所得税减税促进企业绩效的提升，主要来源于三个渠道：一是企业所得税有效税率降低，将会降低企业的资金使用成本（user cost），因此会激励企业扩大投资支出和研发支出，促进企业规模增长，并最终促进企业的利润率提升、创新能力提升和生产率提升；二是所得税税负降低，意味着企业的税后利润增加，即企业的经营活动现金流入会增加，企业将有更多的现金可以用于增加投资支出和研发支出；三是企业所得税的税负降低，意味着单位股本投入的税后回报会上升，股东也因此更愿意增加股本投入，因此更有利于企业扩张。

流转税减税对企业绩效的作用机理与所得税类似。我国绝大多数流转税的法定纳税人是企业而不是消费者，尽管企业可以将流转税转嫁给消费者，但难以完全转嫁，只能部分转嫁，因此从经济理论上看，流转税的税收归宿最终会由消费者和企业共同承担，具体承担比重取决于商品的供给与需求弹性。由于企业负担了流转税的部分税负，因此流转税的税负降低可以起到与所得税类似的作用，也可以通过上述三个渠道（降低资金使用成本、增加企业现金流、增加股东注资积极性）来提升企业绩效。不仅如此，流转税减税后，消费者负担的税收部分也降低，消费者可以较低的价格买到商品，因此消费者对商品的需求将增加，这也有助于企业提升绩效。

笔者利用2000—2014年A股上市公司数据，主要研究了近年来所得税和流转税的减税对企业绩效的影响。从数据上来看，我国上市公司所得税的实际有效税负率在2008—2011年出现了明显下降，但是2012—2014年又回升至了2007年的水平。2009年后，随着增值税转型改革的全面铺开和“营改增”试点的推进，上市公司的流转税有效税负出现了下降（见图2）。我们选取的绩效指标包括三个方面：效益（利润率或生产率）、增长（销售额增长率、新增投资）和创新（研发支出和专利申请数）。实证研究表明：①企业所得税有效税负降低可以显著提升效益、提升企业增长率、增加研发支出和专利申请数量。②企业流转税税负的降低，虽然不会帮助企业提高利润率，但有助于企业提升销售额增长率、增加投资和研发支出。这些结论表明，近年来我国实施的减税政策在微观层面有利于提振企业绩效，因此在宏观层面也发挥了提振中国经济的作用。③减税对民营企业和中小企业的提振作用要高于国有企业和大企业，这主要有两个原因。首先，与民营企业相比，国有企业对成本变化较为不敏感，因此对减免税政策的反应不灵敏。其次，与民营企业和中小企业相比，国有企业和大企业由于较容易获得银行贷款，融资约束程度较轻，因此对减税带来的现金流增加反应不灵敏。

图 2　2000—2014 年上市公司的所得税和流转税税负

注：有效所得税率 = 企业实际缴纳的所得税/息税前利润

流转税 = 企业缴纳的各项税费 - 企业的企业所得税费用

三、减税在供给侧结构性改革中的作用

减税是当前我国供给侧结构性改革中的重要举措。供给侧结构性改革的最终目标是“着力提高供给体系质量和效率，增强经济持续增长动力，推动我国社会生产力水平实现整体跃升”。供给侧改革最终目标是实现高质量、可持续的经济增长，如果我们对经济增长从供给侧进行拆解的话，经济增长的三大“动力”是：一是从总体上促进要素投入的增长，二是促进企业的技术进步，三是促进要素投入在企业间的合理配置，使要素投入有效地从生产率低的企业流入生产率高的企业。其中，后两个动力都可提高全要素生产率。供给侧结构性改革的切入点就是点燃经济增长的三大动力，最终推动社会生产力增长，而税收在其中起着重要作用。这是税收一个重要职能——资源配置职能的体现。调节资源配置与组织财政收入、改善收入分配一起构成了税收的三大职能。税收调节资源配置主要是从供给侧作用到经济中的，因而税收是推动供给侧结构性改革的天然工具。税收是政府强力打入市场的一个楔子，这些楔子打在了供给侧和需求方之间，税收楔子的大小（即税率高低）就等于供给方和需求方之间面临的价格差，税收楔子的大小影响产品市场和要素市场上的交易价格，最终影响市场上的供给量和需求量。

减税提高了要素的私人回报率，促进了要素的供给增加和有效利用，因而为经济增长提供了持续动力。向企业减税可以提高企业投资与生产的积极性，向劳动者减税可以提高劳动者的劳动与创业积极性，因此税收对资源配置发挥“四两拨千斤”的作用。当然，

在供给侧结构性改革中，中央也提出应同时“适度扩大总需求”，减税同时是适度扩大总需求的工具。当前，供给侧结构性改革的任务定位于“三去一降一补”，其中减税是帮助企业“降成本”的重要措施。近年来减税的最大动作“营改增”，就是通过打通增值税的抵扣链条、消除重复征税，降低了企业的税收负担。

不仅如此，减税除了“降成本”外，还可以起到“补短板”的作用。“补短板”的一个重要方面是促进企业技术进步。技术进步并不是上天的恩赐，需要源源不断地增加创新投入。尽管创新主体是私人，但是政府的作用不可忽视。创新存在市场失灵的弊端，仅仅依靠私人增加创新投入，是达不到社会福利最优状态的。企业创新具有很强的正外部性，一家企业投入研发资金并且取得创新成功，创新的成果可以感染同行业乃至其他行业的创新，研发团队的跨企业流动也可以将新的技术带到其他企业。因此，单纯依靠企业而政府不加以干预的话，由于正外部性的存在，企业自主研发投入会小于对社会而言的最优投入。政府可以对私营企业创新进行补助，从而矫正市场失灵。正因为如此，世界上大多数国家都建立了对私人企业创新的扶持政策体系。大多数国家采取减免税的形式激励企业研发，而不是采取补贴的形式。减免税的具体形式包括降低税率、税收抵免、递延、加计扣除等。我国也建立了以研发费用加计扣除和高新技术企业所得税率优惠为主的税收政策体系。2017 年实施的科技型中小企业研发费用加计扣除比例提高、扩大小微企业所得税优惠覆盖范围等政策，都是通过减免税政策“补短板”的重要措施。

“营改增”消除了产业链上的重复征税，不仅直接降低了企业成本，也通过促进企业间的专业化分工，实现了补短板的目标。分工是经济增长最重要的源泉。分工和专业化有利于利用规模经济，促进技术进步和生产率提升。“营改增”可以补产业发展的短板。首先，实行“营改增”后，服务业企业购入的固定资产设备可以实现进项抵扣，因此“营改增”鼓励了服务业企业的更新设备和技术升级，从而有利于生产率的提升。其次，实行“营改增”后，下游制造业企业购买服务业的服务，可以作为增值税进项抵扣，从而鼓励了下游行业购买服务，增加了服务业的市场需求。再次，服务业与制造业分离出来后，可以更为专业化地提供服务，拉长分工链条，催生众多新业态。

提升企业间资源配置效率也是推动总体全要素生产率提升的一个重要方面。如果市场机制是完善的，生产率低的企业应该在市场上被迅速淘汰，也就不存在过剩产能和“僵尸”企业。正是由于市场上存在制度障碍，这些生产率低的企业仍然能够得到很多投入要素，从而能够苟延残喘，甚至“活得很好”。而且，这些企业还挤占了本来应该获得要素的高效率企业，严重拖累了总体全要素生产率的提升。“去产能”的本质就是让市场机制更好地发挥优胜劣汰作用，提升企业间资源配置效率。现实中，一些生产率低的企业享受了政府给予的税收优惠政策，它们本应该被市场淘汰，但是由于低税负仍然能够在市场当中生存，挤占了高生产率企业的生存空间。公平调节企业之间的税负，是平整市场赛地的一个重要方面，也是发挥市场在资源配置中决定性作用的重要方面。因此，减免税应该是全国一盘棋，针对所有企业的普惠政策，而不是针对特定行业、地区与企业的特惠政策，应该消除不合时宜的行业性税收优惠，继续清理地方性的税收优惠措施，将生产率低的企业倒逼出市场。“营改增”全面完成后，增值税税率分为17%、13%、11%和6%等档，一些地方政府还对“营改增”中税负上升的企业给予财政补贴，这在不同行业、不同地区之间形成了税率差异，未来增值税的改革方向应该是在简并增值税税率，取消地方出台的税收优惠“土政策”。市场发挥“优胜劣汰”机制的微观表现是企业间的兼并重组，税收是兼并重组的一个重要交易成本，应该进一步完善企业兼并重组的税收优惠政策。

四、对我国下一步减税的思考

关于减税下一步的政策走向，主要在于回答两个问题：首先，要不要继续减税？其次，如果要继续减税，减什么税？

（一）要不要继续减税

回答要不要继续减税，我们需要考虑如下四个因素：

（1）当前我国的税负高不高？

世界银行和普华永道会计师事务所发布的2016年《全球企业税负情况报告》，该报告显示中国企业税负远高于平均水平，位列世界第12位。但由于各国税制结构的不同，我国间接税占比高，直接税（尤其是个人所得税）占比低，因此企业税负并不完全反映一国的税负，使用宏观税负更为可比。我们使用广义政府收入（四本预算合计，但是扣除土地出让金）占GDP的比重，测算了中国的广义宏观税负。图3和图4显示，我国2016年的宏观税负是29.6%，而OECD国家的平均宏观税负是37.7%。因此，与发达国家平均水平相比，我国的宏观税负并不高。在发达国家当中，各国的宏观税负也存在很大差异，美国的宏观税负约为30%，而瑞典等北欧国家的宏观税负则高达55%。由于各国经济发展水平、文化传统和政治体制不同，各国所选择宏观税负的高低很大程度上反映了一国对公共品（含社会保障）的偏好程度。因此，我们要回答中国的宏观税负应该调节为多高，归根结底要回答的问题是中国需要多少公共品，需要多优渥的社会保障体制。我国还是发展中国家，在当前阶段经济增长仍然是第一要务，实施超出发展阶段的高福利—高税收政策，会对经济增长产生负面影响。因此，尽管当前我们的宏观税负比发达国家平均水平低，我们还是应该适当减税。

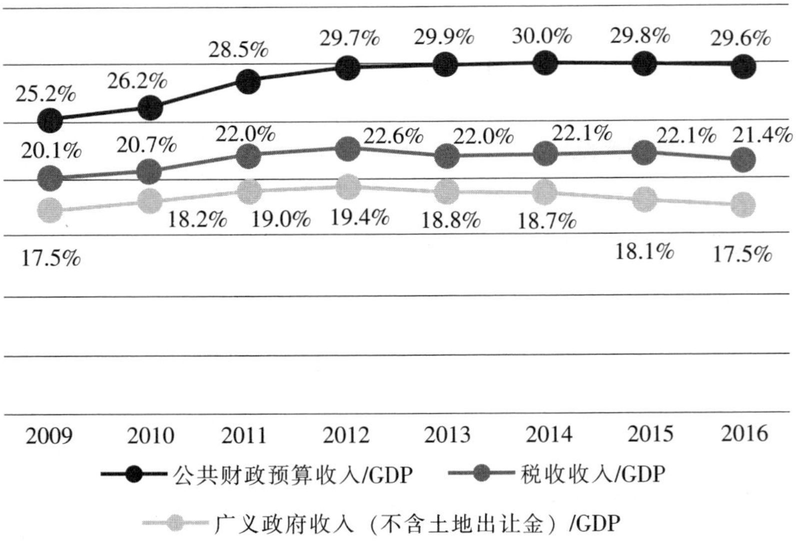

图3　不同口径下的中国宏观税负

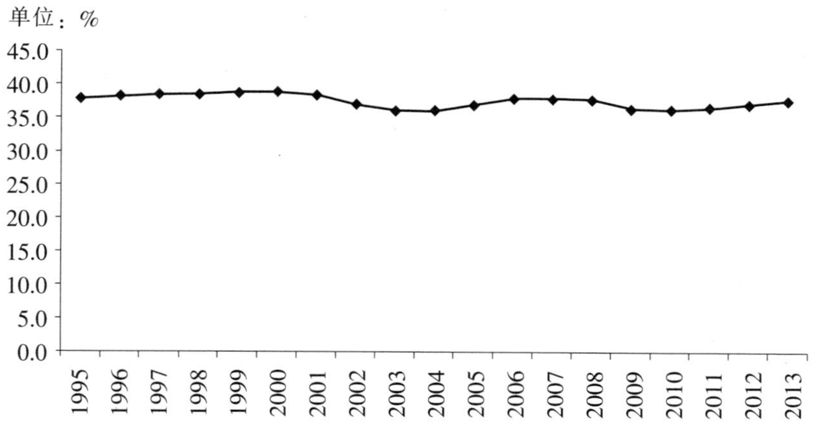

图 4　1995—2013 年 OECD 国家的平均宏观税负

（2）我国当前的宏观经济降速，是否存在周期性波动部分？

根据上文的理论分析，当宏观经济短期不景气时，减税可以同时从供给端和需求端发力来提振经济，此时减税的效果将大于宏观经济繁荣时期。综合各方面的经济数据，我国当前经济降速有步入新常态的因素，但是也有周期性波动的因素。因此，这一宏观经济环境也支持在当前继续减税。当然，这也意味着，当经济企稳向好后，减税的步伐可以放缓甚至停止。

（3）其他国家减税对我国的影响。

在开放经济条件下，资本和企业可以在国家间较为自由地流动。水往低处流，而资本和企业会往税率低的国家流。因此我国当前要不要减税，不仅取决于国内的状况，还要根据其他国家的减税动作相机抉择。当前，美国特朗普政府实施大规模的减税动作，英国、法国等国家也在纷纷跟进减税，如果我国税负不实质性降低的话，将会对吸引外商投资产生不利影响，也会加剧国内制造业企业外流。

(4) 我们能否承受逐渐升高的赤字率和债务率?

政府支出的适当扩张，也是当前提振宏观经济的支出端手段。如果同时减税和削减支出的话，扩张总需求的效果将两相抵消。因此，为了提振宏观经济，当前不适合削减政府支出，支出扩张同时减税必然要组合实施，这意味着赤字率和债务率将必然上升。如果将各类政府债务（包括地方政府存量债务）都计入的话，我国债务率（债务余额占 GDP 的比重）尚没有超过 60% 的公认警戒线。但从赤字率来看，我国今年赤字率目标为 3%，已经处在公认警戒线上。综合赤字率和债务率两个指标，我国存在一定的减税空间，但是减税空间并不是很大。笔者初步判断，宏观税率最多可以有 2% 的降低空间。

（二）如果继续减税，减什么税

如果继续减税的话，我们面临的下一个问题将是具体减什么税。当前，我们实际也只有三种选择：减增值税、减企业所得税和减个人所得税。首先，减个人所得税的可操作性不高。一是个人所得税占税收收入比重不足 7%，继续减的余地非常小；二是个人所得税具有调节收入分配的作用，减个人所得税通常更利于高收入者（即使是调高免征额），对收入差距产生逆调节；三是减个人所得税与“提高直接税比重”的税制改革大方向不符。

减增值税和减企业所得税都可以降低企业税负，但是笔者主张优先考虑减企业所得税。首先，企业所得税作为企业缴纳的直接税，给企业带来的税负痛苦感更直接、更强烈。与之相比，增值税虽然也由企业缴纳，但其可转嫁性使得增值税负很大程度上是由消费者承担。而且，出口企业的增值税是可以享受退税的，出口企业基本不负担增值税。但是出口企业却负担企业所得税。其次，美国、英国等国家正在大力降低企业所得税税率，因此我国为了因应国际税收竞争，也需要将降低企业所得税税率作为首选手段。由于增值税负主要由消费者负担，而不是企业（尤其是跨国公司）负担，如果我国降低增值税税率，在吸引跨国公司投资上并不会起到作用，减企业所得税才能起到更大效果。

除了减税，笔者认为应该进一步加大降费力度。尽管在2013—2016年，我国税收占GDP比重已经下降近2%，但是政府收费占GDP的比重并没有明显下降（图5）。部分政府收费具有专款专用性质（如政府性基金），实际上仍然是个别部门自收自支的“小金库”，因此加大清费力度，实际也是破除部门利益的举动。由于政府收费具有随意性，我们还应该特别警惕，清费在短期内取得成效，但是过一段时间又死灰复燃。

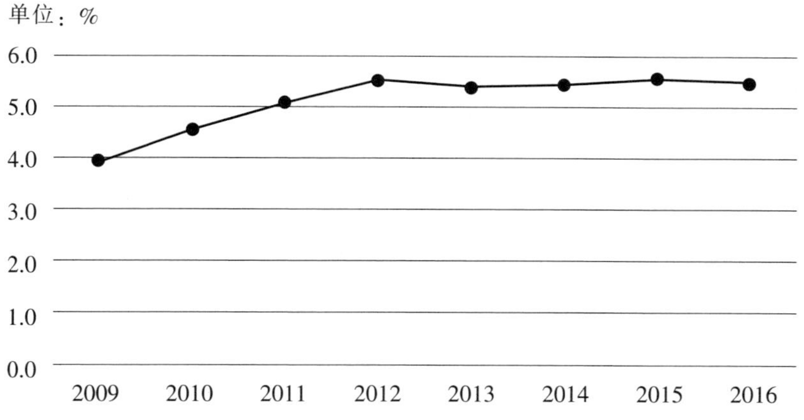

图5　政府收费占GDP的比重

注：政府收费＝公共财政预算内的非税收入＋政府性基金收入－土地出让金

最后，降低企业税费负担还包括降低社保缴费负担，未来需要加快社保体制的一揽子改革，为长期降低社保缴费创造条件。我国社保的法定缴费率在全球居于较高的水平。图6显示，从实际缴费负担上看，我国社保缴费占GDP的比重近年来还在上升。在未来我国人口老龄化程度进一步加深的情况下，社保收支压力将逐渐上升。如果要降低社保缴费率的话，则需要一揽子的社保体制改革，包括延迟退休年龄、加大国有企业利润分红比例用于补充社保基金，来缓解社保的收支压力。在未来，应构建多层次的社会保险体制，社保应定位于保基本，如果一味地提高养老金水平，缴费率也就没有下降的空间。

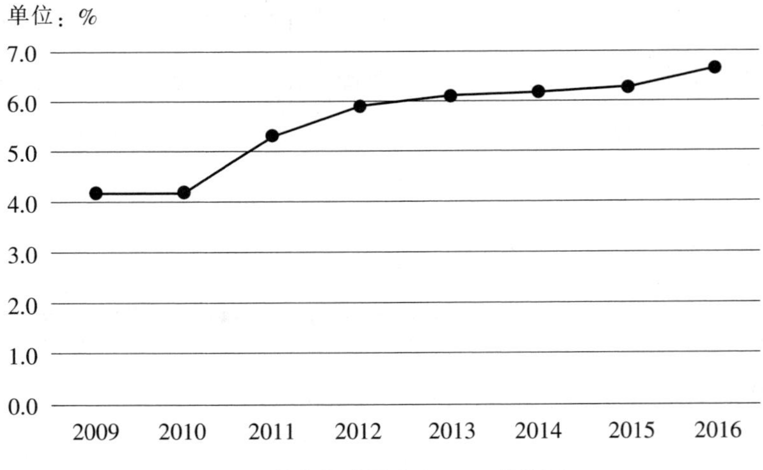

图6　社会保险缴费占GDP的比重

【专家评议】

减之理

刘金山
（暨南大学经济学院副院长、教授）

一、减税是供给主义的政策起点

任何政策都是利益的分配书。政策好，效力高，则可能在做大蛋糕中分蛋糕，在发展中解决问题；政策差，效力低，则可能在缩小蛋糕中分蛋糕，在萧条中解决问题。策来策去，利来利往，艺术乎？科学乎？有一策，无论何时，无论何地，都是受到各个微观主体热烈欢迎的，那就是：减税！

减税是供给主义的政策起点。当年，经济学家拉弗在一张餐巾纸上画的一条曲线（拉弗曲线），被美国里根总统采纳，从而改变了世界。供给主义的大旗，在19世纪萨伊定律（供给自动创造自己的需求）百年之后，在20世纪80年代再一次飘扬起来。供给主义的核心就是激励经济活动。当前，美国特朗普政府的减税政策，是供给主义传统的延续，政策逻辑是基本相同的，核心是激励企业家，追寻企业家。

当前，我国的减税主要是结构性减税。结构性减税是供给侧结构性改革的政策起点之一。减税，虽然只有两个字，却是一个系统性工程，涉及错综复杂的利益图景。其知，其行，皆不易；其目标，其路径，皆不易。

二、缴税而不是交税

为什么不是交税？交，是交易的“交”。交，代表的是对等，是交换，是产品（服务）与货币的双向流动。一般讲到费，说的是交费。交费体现的是使用者付费：享受了产品（服务），就交；没有使用，不交。比如，开车上高速，要交路桥费；不从那儿经过，就不需要交。费由谁定，一般是管理部门定，那就有了自由裁量权。

为什么要缴税？因为我们的自由依赖于税。有人说，我一切自给自足，自建房，自种粮，自打井，自种菜，与政府不打交道，为什么要缴税？但如果你把生活用水倒入下水道，你就和政府打交道了，下水道是公共物品，是纳税人通过政府而修建的。缴税，就是要享受到好的公共物品和服务。

三、减税就是少缴

减税当然是纳税人欢迎的。减税就是少缴，就是减少强制性。这牵涉到减税权的问题，其背后有着复杂的效率与公平的博弈。

为什么减税？是经济社会发展新情况使某些税种、税目、税率、税基等不合时宜，还是周期性政策需要？是税费应该分流归位的需要？高税率是否伤害了税源的积极性，还是为激励就业与创业而减税？总之，目标要清晰具体。不可能用一个政策解决多个（甚至所有）问题。

怎样减税？总体性减税，结构性减税，税法变动，税率变动，等等。减税的手段或路径不同，意味着政策传导机制不同，政策作用的微观主体可能有差异。

效果如何？每一个可能的减税途径的效果如何？比如，减税的同时，费有没有反弹？需要进行减税途径的效果比较分析。

别国和过去经验，有没有参照意义？有没有定量规律？比如，美国减税的底气在于全球发债，是滚动发债，中国、日本等国家（地区）增持或减持不断变化。政府有钱花，为企业减税，企业资本输出，谋求股权收益。股权收益高于债务成本（即中国、日本等债权收益）。这是目前中国所不具备的。发达国家以直接税为主，我们国家以间接税为主，税制差异意味着减税的作用机制是不同的。

减税和经济增长的定性规律，主要把变量之间的逻辑关系梳理清楚即可；但变量之间的定量规律，是需要非常慎重的，不能轻易下结论：全国层面不一样，区域层面不一样，行业层面不一样。

减税经常出现一个现象：宏观好，微观差。减税的宏观效果，数据表现良好；微观来说，企业却没有感受到减税的幅度；国有企业与民营企业，可能税感不同。这一差异的根源，需要认真思考：是间接税制的原因，还是减税细则的适用条件苛刻？是普适性减税，还是定向减税？

所有的政策都需要执行者。减税需要税务部门制定具体的执行细则。从政策到执行部门，到政策传导机制，到微观主体的政策反应，到政策目标的实现，这一过程，并不容易，需要各界共同协商，形成利益均衡格局。

厘清减税认识，坚守减税底线

姚凤民

（广东财经大学广东地方公共财政研究中心主任、教授）

一、内容丰富，前瞻系统

马光荣副教授关于“当前我国减免税政策的经济社会效应”的主题演讲，具有四个特点：

一是历史脉络把握准确。对我国改革开放以来的减免税政策分为三阶段进行梳理分析，界限把握准确，分析归纳了各个阶段减免税的目标手段。二是经济效应分析到位。从宏观微观两个层面对减税的经济效应进行分析研究，分析数据翔实，分析结论准确，并通过国外的对比进一步论证减免税的现实影响效应。三是减税与供给侧结构性改革关系逻辑分析清晰。深入分析了减免税政策在推进供给侧结构性改革上的重要作用。四是减免税空间正负效应分析客观。主题演讲的最后一部分虽没有在标题上明确减免税的正负效应问题，但在其阐述和分析问题时实质上是分析减免税的正负效应问题，并提出了相应的政策建议，政策建议具有应用价值和可操作性。

二、厘清认识，指明方向

主题演讲抛开了以“营改增”、小微企业税收优惠问题为中心进行问题研究，这实际上是从另一个层面消除了当前一种惯性思维，即减免税似乎就是“营改增”、税收优惠就是中小微企业所得税税收优惠的狭隘概念。同时，明确了减免税的方向，即下一步能减免什么税，该减免什么税，减税的重点在哪里，对这个问题必须有一个明确的认识，否则，减免税就会失去应有的政策功效。

一直以来，有一种观点认为减免税政策不够系统，实施政策过程中不易落实和不便于纳税人掌握，应该实施降税率政策。其实这是两个不同政策手段的问题。一般而言，减免税政策是临时性政策，具有时限性特征，一旦目标达到，减免税政策就应退出，否则就会干预市场。税率是法定的，一旦法律确定就不能随意变动，具有长效性、固定性特征，不适宜短期的临时政策的调整需要。因此，减免税就成了为实现某一目标而实施的税收政策的主要手段。

此外，宏观税负有一个结构构成问题，在结构的各层面税收负担分布有差异，结构性减税应当与宏观税负的结构相适应，确立相应的发力方向及着力点，这样才能实现减免税政策事半功倍的效果。

三、下一步研究的问题

首先，供给侧结构性改革目标下，减免税政策的目标是什么？减免税政策实施的环境条件是什么？减免税政策退出的时机和退出的条件是什么？这些问题都要进一步加以研究。

其次，从微观层面上看，减免税是降成本的重要手段。但也要精准研究企业的税负成本占企业总成本的比重问题，以此分析减税的底线是什么，从而明确减税不是万能的，不能为减税而减税。

再次，对企业的减税减到什么程度，也就是减免税的另一条底线，即考虑企业的盈亏平衡点。企业利润最大化的条件是边际成本等于边际收益，减免税应以这个条件为底线，否则就失去减税的政策价值，这一问题应深入研究。

最后，应注重减税的社会效应研究，如减税政策的政治效应、减税的社会反应和社会影响等。当前有观点认为私企和国企对减免税反应不同，私企对减免税有反应，而国企反应不大。这个问题需要研究，基本原因可能是由于产权不同所致。当然，还要加强减税的深度实施对国际环境的关系影响的研究。

优税种结构，简办税流程

李健强

（广州市地税局党组成员、副局长）

马光荣副教授主讲的“当前我国减免税政策的经济社会效应”，理论功底深厚，紧扣当前我国经济的热点问题，回答了为什么要减税，减税对供给侧结构性改革有何作用，下一步我们应怎么做的问题。

作为一名从税30多年的税务人员，我深受启发。我们一定要像抓收入那样狠抓税收优惠政策的落实，为供给侧结构性改革多作贡献。下面就下一步如何减税，谈谈我的意见。

一、优结构，缩减税种

以房地产交易为例，开发商要缴纳增值税、土地增值税、企业所得税、印花税等税种；买方要缴纳契税、印花税（个人住宅免）。开发商同一税基需要缴纳增值税、土地增值税、印花税等税种有无必要？有专家认为土地增值税属于所得税类，那么，同一企业缴纳两种所得税合适吗？企业购买房屋，同时需要就同一税基缴纳契税、印花税合适吗？另外，不能为了迎合“税收法定”的要求，急急忙忙搞税收立法，应通盘考虑，先易后难，确保立法质量。

二、简流程，降低成本

减税是给纳税人减负；简化办税流程、信息化同步推进，同样可以为纳税人降低办税成本。比如说，国家推行加速折旧的政策虽然没有表面上降税负，但可以为纳税人节省利息支出，同样是一种减负。但由于需要办理繁复的备案手续，加上与企业负责人的业绩考核有冲突，响应的纳税人并不多。

三、检得失，与时俱进

从目前情况看，我国的减税政策善于打组合拳，异彩纷呈，总体上与宏观的政治、经济形势相吻合。但是目前还存在个别税种的政策陈旧，需要完善。如外籍人员来自外商投资企业的股息红利免征个人所得税，是否应该清理，值得考量。如土地增值税实行30%～60%的超率累进税率，税负重，由于其账务处理可以税前扣除，又呈现出间接税可以转嫁的特点，其抑制房价的功能是大打折扣的；是否适时废除这个税种，如果一时废不了，可否降低税负、改为10%左右的比例税率，避免对房价上涨推波助澜？又如，中华人民共和国成立以来，我国工商所得税、国有企业所得税对小型企业、饮食服务企业和营业性的宾馆、饭店、招待所，集体企业所得税都曾经实行10%～55%的八级超额累进税率；现在，我们可以适时将企业所得税25%的比例税率修订为10%、15%、20%、25%的四级超额累进税率，这样既可以体现全面降低税负的良好愿望，又可以恢复工商所得税时期倡导的“多得多征、少得少征、无得不征”的公平原则。

判断减税效应的三个依据

李　明

（对外经济贸易大学国际经济贸易学院副教授）

马光荣副教授的主题演讲，素材丰富，内容翔实，论证充分。总体来看，主要包括减税的依据及未来减税的方向等几个部分。下面谈下我的意见。

一、判断减税效应的依据

一是减税的乘数效应评估。乘数评估是很多国家在决定是否减税前普遍需要开展的一项理论研究工作。如全球金融危机后，奥巴马政府拟推出刺激计划，其首要工作之一，是推动其顾问团队对税收乘数进行评估，当时的评估涉及减税对经济增长及就业两个方面的影响，欧盟不少国家也是如此。总体来看，这些评估都发现，税收乘数一般都严格大于1。我国减税的空间大不大，也要考虑乘数的大小。据研究发现，中国税收乘数约为1.3，小于发达国家的结果，这表明，中国减税的效果可能并没有很多人预想的那么好。这一结果与《人民日报》上的观点及中国财税部门的一些看法有相似的地方。为什么中国减税的效应可能不大，与企业治理结构等有很大关系。如不同企业对减税的敏感性是不同的，外资企业敏感，国有企业和很多小规模纳税人不敏感。国有企业不敏感与企业治理结构有关，其纳税方式及经营管理层目标函数与一般企业有很大不同。小规模纳税人不敏感，一部分原因是有地下经济的存在，其承担的税收负担有限，增减一小部分无关轻重。

二是支出的压缩空间。我国减税空间大不大，还要看支出有没有压缩的空间。目前来看，空间可能很有限，如财政供养人口规模难以压缩，工资及社保负担在增长，支出降不下来。此外，目前财政资金配置效率不高，主要靠高支出维系政策目标，难以实现财政支出降成本。例如，政府采购方面，我们的研究发现，并非是最有效率的企业能够得到订单，企业最后也无激励改进效率，采购成本自然降不下来。

三是现行税负高不高。马教授从宏观数据看到，2013 年后中国税收负担在下降。但不少研究，包括决策部门委托的一些研究，基于微观数据看到了不一样的趋势。因此，究竟是高还是不高，可能还要多问问企业，多问问参与此次工作坊的广大的一线税务部门工作人员。我倾向的判断还是高的，我们研究发现，在经济下行期间，中国地方政府倾向采取更强的扩张性支出的举措，通过税与非税负担来融资，这是他们自然而然的举措。近几年经济形势下行压力大，根据我们的观察，至少地方税种及各种非税科目，企业承担的更多了，这也是近两年社会舆论的一些看法。

总体上，我个人认为中国企业税负不低，有必要减，但财政支出压缩不下来，减税效应评估结果不乐观，“应该减”和“能不能减”之间陷入矛盾。

二、未来减税的方向

目前，中国税收立法权总体在中央，伴随主体税种上收及对地方税收优惠的清理、规范，地方通过调税率、变税收要素等方式使得减税的空间越来越小，甚至基本不存在了。那还有没有办法推动实质性减税呢？

我认为还是有一些工作能做的。这里重点讲一下纳税服务。纳税服务通俗一点讲，就是要走群众路线。我们的工作人员要深入企业，了解企业存在的问题和诉求，向企业讲解法定税收优惠的内容，传授申报技巧，一句话，努力把现有优惠政策落实好，有模糊地带的，要相应地推动出台或出台细则，是有助于解决一些问题的。

减免税旨在倒逼营商环境优化

黄亮雄

（广东外语外贸大学广东国际战略研究院副教授）

减免税是国际金融危机后中国宏观调控、增强经济活力的重要政策工具，尤其是在我国经济进入新常态下，减免税是供给侧结构性改革当中帮助企业“降成本”的重要举措。近两年来，中国继续加大减免税的力度和宽度，例如，2016 年，中央首提降低宏观税负；2017 年，国务院提出包括简并增值税税率、提高研发费用加计扣除比例在内的六项减税举措。虽然不少研究表明，中国减免税促进经济增长的效果以及中国进一步减免税的空间并不大，但在可预计的相当长的时间里，在供给侧结构性改革下，减免税将持续推行，其功效不只停留在降成本上，更重要的是推动市场化法治化国际化营商环境建设。

第一，研究表明，减免税、税收优惠等措施更多的是降低地方政府的税收，倒逼地方政府提高运行效率，加大简政放权力度，转变政府职能，建设服务型政府，优化营商环境。良好的营商环境有助于企业的新陈代谢与发展壮大，也有利于高质量外资的引进，从而有利于地区的转型升级，由此，营商环境是一个国家或地区软实力的重要体现，是提高国际竞争力的重要方面。中央提出建设“市场化法治化国际化营商环境”。打造国际一流的营商环境，对政府职能转变、运行效率、监管效能有了新的要求，正如2017年政府工作报告所强调的：“我们一定要让企业和群众更多感受到‘放管服’改革成效，着力打通‘最后一公里’，坚决除烦苛之弊、施公平之策、开便利之门。”然而，值得注意的是，过分地降低地方的税收，带来地方政府的税收压力，在事权和财权不一致等情况，将扭曲地方政府行为，带来诸如地方债务、土地财政等一系列问题，这是我们在进一步减免税以及推动营商环境建设过程中需要重视的。

第二，建设市场化法治化国际化营商环境是一项系统的工程，涉及经济秩序、市场要素、法治建设、文化氛围、政务环境、生活环境等社会经济生活的各个方面。中国的营商环境水平处于全球中等水平，据世界银行发布的《2017年营商环境报告》，中国在全球190个经济体中营商效率排名78位，中国的营商环境建设任重而道远。减免税只是营商环境建设中的一环，但远远不够，我们还需要一整套完善的政策环境保障系统，主要包括金融服务体系、公共服务体系、知识产权保护体系、人才保障体系、生态环境保护体系等。我们分析时，需要观察各个因素、各种环境的联动作用，需要认识到减免税在当中的撬动作用。

第三，当前的减免税更多是结构性的，主要是针对某个领域、某些企业。这时候，就要强调精准投入，鼓励创业创新，推动产业结构优化升级。例如，2017年政府针对“大众创业、万众创新”的一些措施：小微企业企业所得税优惠、创投企业抵扣应纳税所得额等，在本质上，政府希望“放水养鱼”，但有三点需要注意：一是在数字管理的逻辑下，地方政府出现“一窝蜂”现象，只是为了好看的数字，而难以真正做到发展创新驱动能力；二是企业尤其是中小微企业，或是为了避免监管，没有激励享受相关优惠，或是为了迎合优惠，扭曲自身行为，并不是真正的创新；三是有偏向性的减免税政策，难免对非享受到政策的企业产生间接影响，可能带来不公平的问题。由此，在评估减免税效应时，在推动减免税过程中，首先，我们必须重视实践中出现的问题，必须弄清楚如何把政策落到实处。其次，就减免税而言，不单是小范围的政策优惠，更重要的是，结合新形势发展，完善整个税收体制。

减税的逻辑

周少君

（广东财经大学财政税务学院讲师、经济学博士）

减税涉及政策自身的设定及其乘数效应，本质上是一个经济问题，又关系到财政联邦主义下减税的利益分配效应，亦是一个政治问题。同时，当前我国把财政作为国家治理体系的重要部分，所以减税也是一个社会问题。在我国经济进入新常态、供给侧改革的重要时期，减税需谨慎看待。

一、中国存在财政规则吗?

政府是经济活动的重要参与者之一，政府行为需要受到一定规则的约束，其中比较突出的是两个约束：货币规则约束、财政规则约束。财政规则主要探讨政府税收、赤字与政府债务之间的关系。而政府能不能减税主要是受到财政规则约束。那么，我国是否存在财政规则约束?

财政规则关系到政策目标能否实现、社会福利大小与经济预测准确性等重要问题。已有文献认为国外假设财政规则为财政政策依据产出缺口和政府债务规模调整的情形不能最好地切合我国实际，发现财政政策依据产出缺口和政府赤字调整的财政规则更切合我国实际情况。因此减税到底是依据产出缺口与政府债务，还是依据产出缺口与政府赤字成为问题的根本。

国内有学者研究发现，完全规则或完全相机决策的财政政策调整方式在我国并不存在，但规则性确实可以对我国财政政策起到重要解释作用，财政规则性解释了政府投资变动的大部分，间接税有效税率变动的约 50%，以及政府一般性支出和直接税有效税率变动的一部分。因此财政规则在我国确实是存在的。

二、总量减税可行吗？

当前我国政府债务总体是“可控的”，但是忽略了因投融资平台和担保所产生的隐性债务，已有文献估计中国地方政府的隐性债务也是不容乐观的，而地方政府须执行平衡预算规则，如果依据国外的财政规则假设—政府债务，减税尤其是减地方税收收入，似乎不符财政规则约束。因而，减税尤其是减地方税收收入不可行。如“营改增”全面试点减轻了企业负担，但是提高了地方税收分成比例。

其次，我国当前的赤字水平在 3%，债务余额水平在 50% 左右（60% 是国际警戒线），由于政府支出的刚性，减税势必导致政府赤字水平上升。处于发展阶段的中国的政府基建投资计划将受到影响，依靠 PPP 模式或 BOT 模式的投融资将进一步加大地方政府债务，地方政府受到财政规则约束，而“土地财政”的趋于饱和及其不可持续性，势必影响城市的“精明增长”计划。因而，迈向总量的减税计划可能更行不通。

关于社会上流传的“死亡税率”假说，也要辩证来看，由于国有企业执行国有资本经营预算，存在税收返还计划，其过高的税率不能反映中国的宏观税负水平，而中小企业的实际有效税率经计算为6%～10%。如果考虑费，则达到15%左右，与国际比较其实并不高。但是对中小企业减税计划，已有文献表明，确实存在显著的要素配置效率的改进问题。因而问题就在于中小企业如何反映减税计划的异质性。

三、减税的异质性

已有文献表明中小企业对所得税减税计划具备敏感性，主要是降低其成本、现金占用和融资约束，因此所得税的减税计划理论上可以涵养税源，对中小企业的直接税减税计划是切实可行的。但是应该在整理所得税优惠泛滥的基础上进行，保证公平竞争的营商环境，因此，清理直接税的地区优惠，针对特定的产业或行业优惠政策符合供给侧改革的内在要求。

另外，如果把税收看作一个社会问题，看成国家治理的一部分，应加大直接税的税收比重，即“结构性加税”，确保纳税人的税收参与度，以直接税治理纳税人，可以提高整个社会的税收参与计划、政府预算透明度和纳税人的诚信水平。

【互动交流】

思想的碰撞，知识的交流

张先林

（江门市地税局办公室主任）

悠扬的音乐，伴着一杯飘香的咖啡，中国人民大学马光荣副教授、对外经济贸易大学李明副教授、广州市地税局李健强副局长等众多知名财税专家围坐台上，台下听者云集，一场知识的盛宴即将开始。

这是“世界咖啡馆·岭南财税坊”的现场情景。一场原本以“当前我国减免税政策的经济社会效应”为主题的知识讲座，变成了一场业界集体研讨、授课老师与台下听众交相互动的知识分享交流研讨会。融洽热烈的互动氛围，一改单纯知识讲授式教学不可避免地或多或少存在的少许沉闷，让广大地税干部耳目一新，在充分投入的两个半小时中收获知识，感受熏陶。

“世界咖啡馆·岭南财税坊”是互联网时代教育培训模式的一种积极创新。可以试想，无论是单纯来一场“世界咖啡馆”主题活动，还是来一场主题知识讲座，好像都会缺少点什么。单纯的“世界咖啡馆”主题活动缺少了专家的引导，单纯的知识讲座形式较为单一，又难以引起大多数听众的兴趣。而二者的有机融合，无疑是扬长避短，让人可以享受心灵与知识的交互碰撞。广大基层地税干部在忙于关注税收实务的同时，也有对高层次理论知识的渴求，更有对理论与实践碰撞交流的实际需要，而“世界咖啡馆·岭南财税坊”无疑满足了广大税务干部的多层次需求，这从现场广大听众踊跃发言提问交流可见一斑。祝愿“世界咖啡馆·岭南财税坊”越办越好，为广大地税干部提供与众多高端财税专家现场交流的互动平台。

减税清费应双管齐下

徐东晓

（佛山市禅城区地税局张槎分局副局长）

2017年9月11日，我有幸在“世界咖啡馆·岭南财税坊”现场聆听了中国人民大学马光荣副教授的“当前我国减免税政策的经济社会效应”主题演讲，以及各位财税专家学者的互动点评、思想碰撞。在此过程中，我有三点体会：一是宏观税负不是我国实施结构性减税政策的依据。我国实行的结构性减税区别于“一刀切”式的全面减税，是针对特定税种、基于特定目的而实行的税负水平削减，同时还应通过“有减有增、减税为主”的结构性安排，实现税负合理布局的结构性调整。二是结构性减税既要提升效率，也要促公平、惠民生。一方面要通过税收政策的调节作用，促进经济发展模式由高耗能、高污染与高投入的粗放型增长，向以创新驱动与技术主导为核心的内涵式增长转变，即实现产业结构优化升级，实现经济持续、健康、协调与稳健发展。另一方面随着数据管税水平提升，要通过降低间接税、增加高负税能力纳税人的直接税，切实减轻中小企业和中低收入者的税收负担，释放被税收“捆绑”的再投资能力、消费能力。三是减税清费应双管齐下。我国的行政事业性收费、社会保障基金、政府性基金、预算外收入对纳税人造成的负担不亚于税收，税外负担的大规模存在不仅推升了宏观税负水平，而且挤占了结构性减税的有效空间。在推进结构性减税的同时，应依法推动结构性“减费”，切实增强结构性减税政策的减负效果。

如沐春风，如逢甘露

陈国华

（揭阳市揭东区地税局稽查局局长）

2017 年 9 月 11 日，我非常荣幸地参与了主题为“当前我国减免税政策的经济社会效应”的“世界咖啡馆 · 岭南财税坊”研讨活动，切身体验了广东省地税局科研所和广东省地税干部进修学校将税收理论研究与税务干部培训结合起来，通过“世界咖啡馆”的形式将税收学者的理论研究和税务干部的税收实践经验有效融合的尝试过程，受益匪浅。

在“世界咖啡馆 · 岭南财税坊”现场，我们聆听了税收学者间的理论碰撞之音，领略了学者们对税收理论研究之才，感受了学者们身怀渊博知识之魅力，如沐春风，如逢甘露，既增长了见识，又愉悦了身心。

这是一种理论研究和学习培训相结合的创新，将税收理论研究与税收实际工作在“世界咖啡馆 · 岭南财税坊”进行深度碰撞与交流，促进税收理论与实践的融合和升华。我有幸参与其中，但深感意犹未尽，或许在以后的“世界咖啡馆 · 岭南财税坊”现场，我们能看到学员们以各种形式充分地参与其中。“世界咖啡馆 · 岭南财税坊”必将越办越红火。

第2期　转型与挑战：大数据与税收征管新格局

【研讨综述】

拥抱新时代，构建大数据管税新格局

谢丽文

（广东地方税收科学研究所）

新时代形成新思想，新思想引领新实践。党的十九大作出中国特色社会主义进入新时代的重大政治判断。为更好地贯彻落实十九大精神、自觉运用习近平新时代中国特色社会主义思想武装头脑、指导实践、推动工作，10 月 20 日，由广东省地税局科研所主办的“岭南财税坊”2017 年第 2 期在广州召开。本期邀请了广州市地税局课题组主讲“大数据背景下构建数据管税新格局的对策与建议”，来自中国税务学会、中国社会科学院、广东财经大学、广东省国税局科研所、深圳市国税局科研所、佛山市地税局等单位的多位专家受邀评议，科研所全体科研骨干参与了现场讨论交流。本期财税坊由向景所长主持。

与会专家学者紧扣“大数据与税收征管新格局”这一主题，围绕大数据在税收征管、税收治理、税务组织优化、流程再造等方面作用，进行了深入解读和热烈交流。

一、大数据资源与如何发挥征管质效

2015年，广东省地税局副局长、广州市地税局局长揭晔牵头组成课题组，开展了“构建大数据时代下数据管税新格局的对策与建议”的调研活动。广州市地税局办公室陈杰辉主任代表课题组介绍了大数据的发展历程，并指出信息技术影响税务部门的管理成效已是大势所趋。现阶段税收大数据发展已进入关键期，缺失以票控税征管手段的地税部门须更重视大数据应用。广州市地税局办公室陈英聪主任科员代表课题组作主题报告，指出大数据应用不仅是技术变革，更是思维变革。一方面，大数据带来机遇。大数据“导航”税收征管改革，促使税收征管扁平、专业和集约，提升稽查效率。大数据创新税收管理服务，电子办税的覆盖率逐步扩大，用数据管理、决策和创新的机制不断完善。另一方面，大数据也带来挑战。以广州市地税局为例，税务登记户数已达135万户，掌握数据量已超过350TB，海量涉税数据对传统征管模式提出新课题。纳税人核算方式电子化、集中化和专业化，纳税人经营收入呈现跨界化、跨地域化，这都对征管能力提出新挑战。课题组认为，既要制订大数据战略规划，推动“人机同管”转向“数据统管”，又要不断提升大数据采集质量，推动数据管理从“数量规模”转向“质量效益”。

二、大数据应用与如何提升税收治理能力

广州市地税局信息中心王隽主任科员重点介绍了广州市地税局

在大数据治税领域的探索与实践，主要包括：建设电子数据管理总集成，编订《广州地税数据资产目录》，构建信息化融合体系；借助第三方数据采集系统，挖取互联网数据，建立统一大数据仓库；构建智慧大数据应用平台，建设“税搜”系统，聚焦智能搜索，用人工智能识别纳税人群体聚类、披露类别特征。课题组进一步表示，强化大数据分析应用，须从“管户”到“管事”再向“管数”转变，即依托数据流推动业务流，前端接入业务数据，后端团队管评查，再结合“人物画像”挖掘企业特点，进行个性化税源管理，通过数据发现风险。

中国社会科学院财经战略研究院杨志勇研究员指出，应充分发挥好大数据在税收治理中的关键作用，首先，应判断数据的可用性，数据是否可用与技术的发展相关，技术可实现数据在个性化与标准化之间的转化，如增值税发票初始阶段只可查看数字，随着技术进步现已实现文字查看。其次，应注重数据变革治税模式，如政商合作模式得到加强，税收征管模式趋于扁平化，基层数据可直接获取。最后，应关注数据利用的技术问题，如数据人才该如何使用，数据获取的成本如何计量，数据处理之后如何运用等。

中国税务学会学术委员会焦瑞进副秘书长认为，地税部门构建大数据管税征管大格局，须结合地税特点，先梳理需求数据特征，分析数据与地税管理税种的关联性，进而构建平台应用数据。广东财经大学财政税务学院姚维保副院长也认为，应用大数据提高税收治理能力的重点在于：一是用数据促进税收可持续增长，如在大数据背景下稽查高收入群体税收问题；二是注重风险防范，在数据共建共享过程中，防止涉税数据泄露；三是利用大数据治理实现税收现代化，分析纳税人税收遵从，在既定的税制体系、税率下提升纳税人满意度；四是重视数据在推动税收治理上的潜在作用，通过数据不断驱动创新。

广东省国税局科研所高峰所长表示，构建地方税务体系需要大数据支撑，电子税务局故障等系统问题会影响纳税人满意度。下一步应结合实证研究方法，探索大数据应用对决策、管理、服务的直接作用及引起的变化。广东省地税局直属分局（大企业局）陈晓敏副局长认为，数据应用会倒逼制度建设，应完善顶层设计，并设置短、中、长期规划目标，把数据分析逐步打造成为提升管理精细度的基础资源和有力工具。广东省地税局征科处周冠超副主任科员提出，应结合广东地税数据管税已有的探索和实践，适当考量管理对象的变化对管理手段的影响。

三、大数据共享与如何优化税务组织架构

课题组认为，大数据具有去结构、精准化的特点，会对税务部门工作格局和组织架构造成巨大冲击，但现阶段仍存在一系列问题，如大数据管税理念尚未形成，大数据管税未有整体规划和顶层设计；数据存在孤岛现象，数据较为零散，平台数据之间未形成有效共享流动；缺乏专职的数据管理统筹部门，缺乏熟悉数据管理、风险分析和纳税评估工作的复合型人才等。广州市地税局信息中心郑毅晖副主任进一步表示，运用大数据思维革新征管格局，税务部门职能应为“产税”，但因无法顺利获取数据而被动进行“产数”，这需引起高度关注和重视。

焦瑞进副秘书长认为，应该在优化税制促发展、简化征管降成本、简政放权提效率的基础上，重点做好如下两方面工作：一方面，大数据思维比大数据应用更重要，数据应该集中在一个部门，而不是同时存在于几个部门，税务部门不应以“产数”为中心。另一方面，抓取网络数据须有法律保障，应将数据和目标关联，只采集符合目标的数据。深圳市国税局科研所罗伟平所长认为，数据共享问题长期困扰行政管理，现阶段不同部门之间存在多个封闭系统，这与开放共享的大数据理念不相符，若从国家层面成立信息管理局，统一数据接入口，有助于破解“信息孤岛”。此外，自然人法人由公安户籍管理、工商登记管理的模式已滞后，阻碍部门信息共享和行政管理水平提升，建议成立专门机构统一管理自然人法人，确保信息的统一性和唯一性。

广东省地税局人事处温丽萍副处长则建议，在构建新征管模式的背景下，课题组可进一步对组织架构作探索分析，适度延伸到税收征管资源如何优化、整体布局等领域。佛山市地税局张槎分局邱撼栋副股长也认为，现阶段核心数据采集缺少法律支持，数据挖掘能力不足，税务大数据定位不高，社会化应用受到制约。定位好大数据管税概念，应充分结合地税部门管理税种的特点、税制改革方向等多种因素，统筹考虑好顶层设计与基层业务实际的关系。

最后，向景所长对本期“岭南财税坊”进行了总结，活动在热烈的掌声中圆满结束。

【主持人语】

深入认识和理解大数据背景下税收征管新态势

向　景

（广东地方税收科学研究所所长）

首先，我代表主办方，对报告人、各位专家、各位嘉宾的莅临表示热烈欢迎！对各位长期以来对我们科研所工作的支持表示衷心的感谢！

正值党的十九大会议在北京隆重开幕之际，我们举办第二期"岭南财税坊"，意义非凡。

这一期"岭南财税坊"的主题是"新时代与大数据管税新格局"。我们知道，大数据概念自提出以来，在"互联网+"的推动下，影响迅速波及各个领域，对我们的税收工作特别是地税工作持续深入的影响也不例外。大数据问题既是基础性问题，又是前瞻性问题，我们税收领域有很多专家已经开始从形而上的高度着手研究这一可能影响我们生活与工作方方面面的领域了，一些高质量的研究成果也在不断问世，在大数据与税收互动方面带给了我们很多启迪。但我们依然不解渴，希望更深入地认识和理解大数据背景下税收征管的变化态势，如什么是大数据思维？大数据背景下的征管新格局质的规定性是什么？大数据对地税部门组织的变化及其人力资源配置影响在哪些方面？这是我们的困惑，也是我们对这一期“岭南财税坊”的期待。

这一期“岭南财税坊”的报告人是广州地税的专家。他们从2015年就开始深入调研大数据对税务管理的影响，取得了一系列标志性成果，一些前期提出的政策建议正有序转化为税收管理实践，在促进税收管理的现代转型上发挥了积极作用。我们有理由相信，他们多年来的思考和积淀一定会转化为这一期精彩的演讲。

我们这一期邀请的五位点评嘉宾，分别是中国税务学会学术委员会焦瑞进副秘书长、中国社会科学院财经战略研究院杨志勇研究员、广东省国家税务局科研所高峰所长、深圳市国家税务局科研所罗伟平所长、广东财经大学财政税务学院副院长姚维保教授。他们都在大数据领域有深入研究和独到见解。我们相信，他们的点评，一定会深化我们对大数据的认识。

我们相信，在习近平新时代中国特色社会主义思想的指引下，新时代税收信息化的科技创新必将开启大数据管税新格局。

【主讲报告】

构建大数据时代下数据管税新格局的对策与建议

广州市地税局课题组

10月18日，党的十九大胜利召开，大会作出了中国特色社会主义进入新时代、我国社会主要矛盾已经转化为人民日益增长的美好生活需要和不平衡不充分的发展之间的矛盾等重大政治论断，深刻阐述了新时代中国共产党的历史使命，确立了习近平新时代中国特色社会主义思想的历史地位，提出了新时代坚持和发展中国特色社会主义的基本方略，确定了决胜全面建成小康社会、开启全面建设社会主义现代化国家新征程的目标，对新时代推进中国特色社会主义伟大事业和党的建设新的伟大工程进行了全面部署，对我国政治、经济、社会乃至税收事业都将产生极其重大和深远的影响。

报告指出，我国经济正处在转变发展方式、优化经济结构、转换增长动力的攻关期，要不断深化税收制度改革，健全地方税体系。税收在国家治理中具有基础性、支柱性、保障性作用，税收治理现代化是国家治理体系和治理能力现代化的关键环节，是全面建设社会主义现代化国家的重要组成部分，新时期税务部门要将学习贯彻十九大精神与深化税收征管改革结合起来，加快推进税收治理现代化，为推进中国特色社会主义伟大事业贡献力量。

21 世纪以来，随着移动互联网、物联网和云计算等新一轮信息技术的迅猛发展，我们正步入一个全新的大数据时代。大数据是在合理时间内采集大规模资料、处理成为帮助使用者更有效决策的社会过程。简而言之，就是在海量、无序的数据中洞察规律、发现新知识、挖掘新价值。当今，大数据已经成为重要的生产因素，是一个组织或国家竞争力的重要来源和重要标志，是加快推进税收治理现代化的重要法宝。为推进地方税收工作在大数据时代下更好发展，省局专题调研组在分析机遇挑战、借鉴经验做法、分析薄弱环节的基础上，提出构建完善数据管税新格局的对策建议。

一、大数据时代下地方税收工作面临的机遇和挑战

大数据具有拓展性、海量性、交互性、融合性、关联性等特点，是一场正在到来的数据革命。对正在向现代化迈进的税收工作而言，大数据时代的来临，既拥有难得的机遇，也将面临严峻的挑战。

（一）大数据给税收工作带来的机遇分析

1. 大数据为税收征管改革指明了方向和路径

大数据可将海量数据无差别集成，优化整合不同类别、不同层次、不同功能的信息系统，使数据信息在纳税人与税务部门之间，税收各系统、各流程、各岗位之间不再需要层级的过滤而直接送达，从而打破原本条块分割的信息系统、流程体系、组织架构等，突破传统属地管理的征管模式限制。可以预见，大数据时代下的税收征

管必将更趋扁平化、专业化、集约化。

2. 大数据为税收工作质效提升提供了技术动力

大数据体现的不仅是拥有海量的数据，更有先进的数据处理技术手段，能够对数据进行深度挖掘和利用，势必推动工作减负增效。依托数据仓库、数据可视化、云计算平台、网络爬虫等先进技术，大数据时代下的税收工作能突破“信息孤岛”限制，快速便捷进行信息采集、通用统计等，大大提升海量数据的查询效率；能整合纳税人的内外部数据信息，提供准确全面的纳税人电子档案，提高税源监控、纳税评估等管理效能；能深入地分析纳税人各类数据信息之间的关联性，提高税务稽查的选案准确率，大幅提升稽查效率等。

3. 大数据为税收管理服务创新提供了有力支撑

随着大数据、“互联网+”时代的来临，纳税人网上申报、电子办税的覆盖率逐步扩大，各行业、各领域纳税人越来越多数据进入互联网，使得税务部门采集纳税人数据来源更广泛、类型更多样、渠道更便捷，为数据管税和征管服务创新提供了坚实基础和有力支撑。阿里巴巴小贷借助储存在阿里电子商务体系的客户各类信息评估企业运作风险，从而决定是否为企业提供贷款，就是大数据支持管理服务创新的典型范例。在大数据时代下，税务部门“用数据来说话、用数据来管理、用数据来决策、用数据来创新”，工作机制将不断完善，势必有力推动税源管理精准度更高，管评查联动更加智能化，纳税服务主动性、针对性、创新性进一步增强。

（二）大数据给税收工作带来的挑战分析

1. 海量涉税数据对传统税收征管模式提出新课题

当前全球产生的数据信息量年增 40%，信息总量每两年可以翻一番，预计至2020年全球以电子形式存储的数据量将达到32ZB①。与此同时，税务部门掌握的涉税数据也呈快速增长态势。以广州地税为例，税收收入从1999年的145亿元增长到2016年的1 247亿元，年均增长14.4%；税务登记户数从1999年的30万户增加到现在的135万户，增长了3.5倍；12 366咨询量目前达到1 614万人次等。据统计，广州地税掌握数据量已超过350TB。随着税源结构的不断变化、互联网等新技术的不断应用，各种涉税数据产生、更新的速度将越来越快，税务部门人少事多，征管力量不足的矛盾越来越突出，“人盯人”“人盯户”的传统征管模式已经难以适应大数据时代的发展要求。

2. 大数据下的新业态对税务部门征管能力提出新挑战

依托大数据支撑，“互联网+”等新的经济创新模式正在各个行业、各个领域掀起一场创新浪潮，特别是电子商务、移动支付、众包、众筹等新业态、新技术、新商业模式发展迅猛。据统计，2014年国内消费市场电子商务交易额（包括B2B和网络零售）达到约13万亿元，占消费品零售业的半壁江山；2014年我国移动互联网市场总规模达到2 134.8亿元，同比增长115.5%，2015年总产值有望突破4 000亿元。② 在新业态、新商业模式下，纳税人核算方式更趋电子化、集中化、专业化，经营收入跨界化、跨地域化趋势明显，跨国、跨地区、跨行业的企业不断涌现，公司利润转移更加隐蔽等。大数据时代下的“互联网+”等新业态带来新情况、新特点，不仅

---

① 1ZB=1 024EB，1EB=1 024PB，1PB=1 024TB，1TB=1 024GB，1GB=1 024MB，1MB=1 024KB。

② 数据来源于国家工信部发布的《移动互联网产业发展报告（2014—2015）》。

对现行的税收法规政策提出了新课题，也对税务部门应对和监管“互联网+”等新业态、新模式提出了新挑战、新要求，税收征管的复杂性和工作难度进一步加大。

3. 大数据技术发展对税务部门的工作格局和组织架构带来新冲击

大数据技术能进行海量数据开发利用，具有集中化、智能化、开放化等特点，能广泛运用于社会的各个层面，跨越各个层级限制，势必深刻影响税收工作的方方面面。其中大数据去结构化、精准化的特点，将对当前税务部门层级较多、条块分割的工作格局和组织架构造成较大的冲击，传统的部门机构岗位设置、人力资源分配、人才培养模式亟待变革。

二、当前税务部门开展数据管税的探索借鉴和存在问题

国家税务总局王军局长提出到2020年基本实现税收现代化，其六大体系之一就是科学严密的征管体系，而数据管税能力是税收征管现代化的一个重要特征和衡量标准。提高国家治理体系和治理能力现代化要靠大数据，实现税收现代化也需要大数据。调研组赴咸阳、无锡等市地税局实地调研和借鉴经验，并分析大数据时代下数据管税的存在问题和薄弱环节，为找准数据管税的发展方向和提升路径提供参考。

（一）咸阳地税开展数据管税的经验借鉴

确立了“征税费、管数据、改模式、革思维”的改革思路，初

步形成一套以数据采集为基础、数据加工为重点、数据应用为核心的大数据治税机制。建立政府主导、地税牵头、考核保障的综合治税体系，夯实数据管税基础。研发应用风险状况分析系统，建立风险指标和模型，识别、推送风险任务，推动税收风险管理机制创新。开发应用数据管税综合平台，促进技术与业务融合。设立数据管理专门机构，组建数据管理“专家团”，强化组织保障。

（二）无锡地税开展数据管税的经验借鉴

运用互联网思维和大数据技术，初步形成一套以数据采集为基础、数据加工为重点、数据应用为核心的大数据治税机制。建立涉税情报分析管理平台，运用网络爬虫技术对上市公司公开信息、重点企业招投标信息、电子商务信息等进行抓取，并应用第三方数据管理平台和数据质量管理平台，对数据进行质量审计、校验和纠正。研发应用风险状况分析系统和风险预分析管理系统，快速有效地进行风险分析、识别和绩效预判。设立专门数据管理机构，统筹全市数据管理工作，负责税收风险管理、数据质量管理、涉税信息运用管理等工作。

（三）广州地税扩展大数据应用的探索实践

一是建立数据统筹管理机制，由专门部门统筹实施基础数据管理与数据分析应用；开发电子数据管理总集成，融合信息化建设成果，避免各层级部门重复建设。二是构建基础数据管理体系，编订《广州地税数据资产目录》，以元数据管理系统维护数据字典；运用中文语义分析技术，将海量非结构化数据转为结构化数据；借助第三方数据采集系统，深度挖掘互联网宝藏；通过数据交换系统，强化基层涉税数据共享；运行数据质量管理系统，提升数据清理质效；应用数据加工系统，形成统一大数据仓库；试行数据安全审计系统，防范数据库系统安全风险。三是增强数据信息分析应用，打造“智荟”大数据可视化平台，提供集成统一的大数据应用门户；上线“税搜”引擎项目，开启广州地税“百度”时代；建设服务管理决策系统、优化征管质量状况监控管理系统、开发“总值班室监控指挥系统”，为科学决策提供信息化支撑；探索智能管税技术手段，用大数据分析纳税服务存在的问题，人工智能识别纳税人群体聚类，以数据支撑纳税人分类分级管理。

（四）当前数据管税存在问题和薄弱环节

1. 大数据管税理念尚未形成

主要体现在：一是拥抱大数据的战略思维缺乏。对数据的作用认识不足，对大数据带来的新潮流、新技术、新变革、新形势把握不准，还没有做好迎接大数据时代的准备；片面将大数据理解为第三方数据比对，未能从税收现代化的战略高度充分认识其对税收业务结构的重大影响。二是善用大数据的创新思维缺乏。工作思维较为守旧，与大数据的开放、交互、拓展等理念要求不相符，仍然拘泥于传统封闭性管理模式，用数据来说话、用数据来管理、用数据来决策、用数据来创新的思维意识仍然较为薄弱。三是数据管税的系统思维缺乏。对推进数据管税、打造电子税务缺乏整体规划和顶层设计，数据采集、处理和应用全过程缺乏统筹，税收业务与大数据技术未能有效融合；信息系统建设与数据应用脱节，数据管理者不知如何应用数据，业务执行者不知数据在哪里。

2. 数据管税基础较为薄弱

涉税数据主要包括纳税数据、企业经营数据、第三方数据、互联网数据等，是数据管税的基础和前提。当前存在问题主要体现在：一是涉税数据的全面性有待增强。虽然不少地方已经建立第三方涉税数据共享交换机制，但部分部门、单位提供涉税数据的主动性不强、配合度不高、时效较为滞后，从互联网等渠道获取的涉税数据较少等。二是涉税数据的准确性、真实性有待增强。虽然税务部门掌握大量涉税数据，但很多数据属于“沉睡数据”、垃圾数据、缺失数据、不规范数据，真实性和准确性较差；第三方数据交换共享的标准、规则、格式等不统一，难以真正转化为可利用的数据；部分从互联网获取的涉税信息具有数量庞大、分散零碎、真假难辨的特点，因而真实性难以得到保证。三是涉税数据的整合共享性有待增强。传统的业务分割模式和纵向思维模式影响了数据的同质化和统一性，不同的业务部门按自身业务需要采集数据，导致相同的业务出现不同数据口径，使得数据难以整合利用；业务信息系统之间的数据缺乏流动性，相互共享程度不高，数据打架、数据孤岛等现象较为严重。

3. 数据应用仍然停留在较低层次

主要体现在：一是数据管理与税收征管的融合力度有待加大。在传统业务模式中，税政、征管、核算、评估等职能部门各自管理本部门业务，管理过程垂直独立，数据各成体系（见图1），尚未能利用数据流打通融合税收征管各环节；管评查联动目前较为依赖联席机制，依托数据流在管评查各环节建立风险数据的整合、分析、

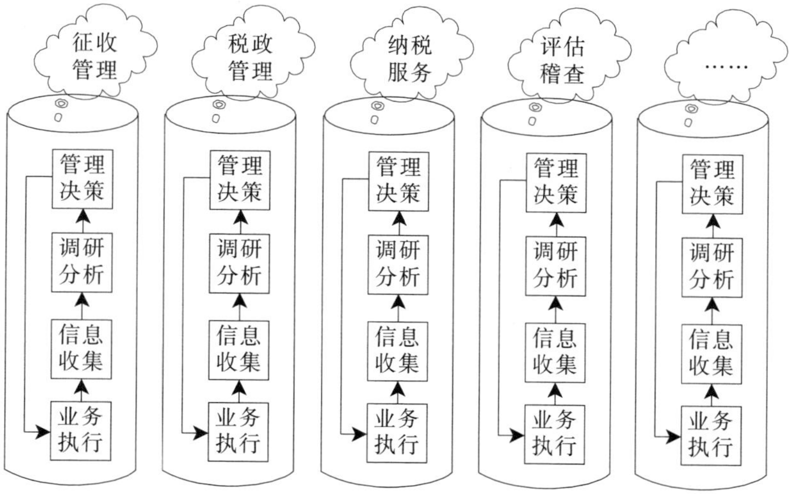

图 1　传统业务模式示意图

推送、反馈机制尚未建立。二是数据分析应用对税收征管支撑力度有待加大。涉税数据特别是第三方数据、互联网数据利用率较低，对开展税收分析、风险监控、纳税评估等涉税业务的数据支撑力度不足；挖掘税收增长潜力往往只有疑点、缺乏数据佐证，随意性较大，针对性不强；纳税评估指标和模型构建有待加快，风险管理的精准度有待提升；税收分析利用宏观经济数据、第三方数据、互联网数据的广度、深度、关联度仍有较大提升空间，决策辅助水平有待提升。三是数据整合推动服务创新力度有待加大。当前主要通过 12366 服务热线、局长信箱、第三方调查等获取纳税人需求，具有随机性、零散性，难以精准掌握纳税人最迫切、最真实、最集中的需求；纳税服务前后台、各服务平台之间、国地税部门之间数据尚未完全打通，在一定程度上造成办事规程不一致、流程效率有差别、数据交互不畅等问题，导致纳税服务规范落实不到位、办税服务厅

“一窗式”服务不彻底、“同城通办”业务范围受限、国地税联合办税有待拓展、网上办税不能完全满足纳税人多元缴税需求等。

4. 数据管税平台有待进一步健全

主要体现在：一是信息系统的数据整合能力较弱。信息化建设普遍存在“重采集、轻应用”“重建设、轻整合”等现象，开发缺少“一体化”设计，系统林立，重复建设，形成“信息孤岛”，难以实现不同系统、不同部门涉税数据的有机整合。二是信息系统的数据处理能力较弱。传统的“人机结合”数据处理模式无法实现不同数据库和不同业务的数据关联分析，数据处理费时费力，效率不高，存在海量数据难以处理应用、比对分析难度大、风险识别精准度不高等问题。三是信息系统的数据分析能力较弱。金税三期系统虽然建立了统一的税收征管和数据存储平台，但数据分析功能较为薄弱，税收大数据基本处于沉睡状态，亟须建立大数据应用平台，实现数据的分析挖掘、增值利用。

5. 适应大数据要求的组织架构亟待建立

主要体现在：一是缺乏专职的数据管理统筹部门或机构。现有的各业务部门、各基层单位利用和挖掘涉税数据存在各自为政的情况，数据分析应用缺少专职部门或机构进行统筹部署。二是缺乏相应的工作流程链条。近年来全省地税部门加快推进税源专业化管理改革，进一步夯实数据管税基础，但仍需继续从工作流程和岗位设置上形成采集、分析、识别、应对、考核闭环式的数据管税链条，依照数据流建立相应的风险管理、纳税评估体系。三是缺乏明确的数据管理岗位职责。税收管理员疲于应付调查审批、填报报表、收入预测等事务性工作，难以集中精力开展数据调查、税收分析和纳税评估。四是缺乏专业的数据管税人才。当前熟悉数据管理、风险分析和纳税评估工作的人才，特别是既懂业务又通技术的复合型人才匮乏，不能满足税收分析、风险监控、纳税评估等业务需求，成为制约数据管税战略推进的瓶颈。

三、构建大数据时代数据管税新格局的对策和建议

把握潮流才能赢得未来。大数据时代的到来对税收事业发展具有全局性和战略性的影响。国家税务总局王军局长在“互联网+税务”专题研讨班上提到，“制数权”是继“制陆权”“制海权”“制空权”之后的最大制权，谁拥有了“制数权”，谁就拥有未来。广东省地税局吴紫骊局长在全省地税系统信息化工作会议上提出，要构建电子化办税、大数据管控、全过程服务、智能化提升的基于互联网生态的新型征管模式。全省地税部门要积极顺应大数据时代要求，用数据流统筹税收业务，深化税收征管改革，实现“一切业务都数据化、一切数据都业务化”，构建起以大数据资源库统揽内外涉税数据、以征管状况监控展现征纳画像、以数据深度应用驱动风险管控的数据管税格局，推进以数据管税为基础的分类分级管理，形成“用数据说话、用数据决策、用数据管理、用数据创新”的管理机制，实现税收征管全过程数据管控，建立与大数据时代相适应的税收征管新格局，为全省地税事业发展提供强大的引擎动力。

（一）全面制订大数据战略规划，推动发展导向从人机同管向数据统管转变

大数据首先是一种思维方式，其次才是判断发展趋势和选择战

略，最后才谈得上技术实现的问题。[①] 全省地税部门应充分认识大数据浪潮带来的深刻变革，进一步树立和强化大数据理念，培养大数据思维，把数据思想全面、深入、系统地融入征管改革，实现税收管理方式和干部思维的根本转变。要加强数据管税顶层设计，从大数据管税是实现税收现代化重要抓手的战略高度，制订全省地税大数据战略规划，以实施数据管税为核心，用数据流统筹和推动各项税收业务改革，实现“数据制胜”。建议从三个层面推进（见图2）：第一层面是推进税收业务的同质化，这是数据管税的前提和基础。近年来，广州地税通过税源专业化改革和推进“互联网 +”计划，实施“同城通办”等改革，消除了地区和机构差异，加快税收业务同质化进程。今后应继续以税收业务同质化改造为基础，依托完整的数据管理体系，不断推进跨业务、跨部门、跨领域的数据统筹，提升数据管税水平。第二层面是推进数据共享利用，这是数据管理的核心本质。要推动信息系统和涉税数据互联共享，消除“信息孤岛”，用数据流打破过去单纯“合纵”的业务管理模式，统筹整合各种税收业务的信息基础，运用大数据技术打造“连横”的数据管理业务模式，为管理决策、税收改革等提供有力支撑。第三层面是推进智慧税务建设，这是数据管理的目标路径。遵循“大数据 + 互联网 + 云计算 + 税务 = 智慧税务”思路，依托数据技术支撑，对各种税收业务进行重组。其中大数据从数据管理层面对业务进行横向切割和融合，“互联网 +”从业务执行层面对业务进行横向切割和融合，云计算提供全部业务的硬件支撑。在以上三者的共同支撑下，

① 引自赵国栋、易欢欢、糜万军等：《大数据时代的历史机遇——产业变革与数据科学》，北京：清华大学出版社 2013 年版，第 45 页。

税收业务将以更细的粒度进行分割和云化，能够跟随形势的发展自由组合，如水般灵活改变形态，成为真正意义上的智慧地税。

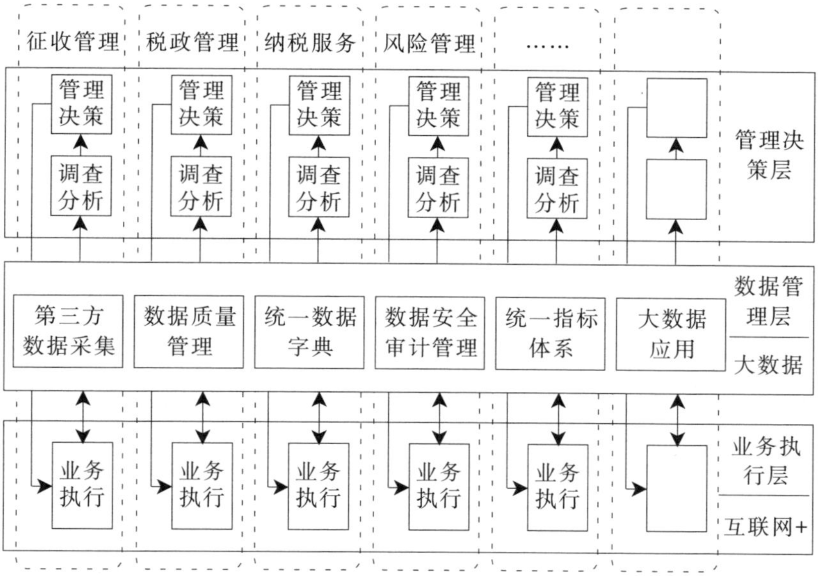

图 2　数据管税业务模式示意图

（二）全面提升大数据采集质量，推动数据管理从数量规模向质量效益转变

大数据时代对我们的生活，以及与世界交流的方式提出了挑战。最惊人的是，社会需要放弃它对因果关系的渴求，而仅需关注相关关系。① 而要发现大数据之间的相关关系，重要前提是要收集尽量多的涉税数据，并有效提升数据的质量。对税务部门而言，数据质量

---

① 引自维克托·迈尔－舍恩伯格、肯尼思·库克耶著，盛杨燕、周涛译：《大数据时代——生活、工作与思维的大变革》，杭州：浙江人民出版社 2013 年版，第 9 页。

一定程度上反映了税收征管的水平，是数据管税的基础。建立机制健全、标准规范、方法科学、监督有力的涉税数据质量管控体系和长效机制是数据管税的基本要求。应做到：一是拓展涉税数据采集范围和渠道，做大数据。国务院《促进大数据发展行动纲要》提出，2017 年底前基本形成跨部门数据资源共享共用格局，2018 年底前建成国家政府数据统一开放平台。应以国家推进大数据发展战略、修订《税收征管法》为契机，向上级建议推动数据提供义务入法，明确相关部门向税务机关及时提供涉税数据的法律义务，强化大数据数据来源的法律制度保障；以国家建设数据公开平台为契机，借鉴咸阳、无锡等市做法，将数据开放共享纳入各地政府部门绩效考核，推动涉税数据共享交换的常态化、制度化、实时化；依托应用程序接口技术、网络爬虫技术等加大外部数据、互联网数据的主动抓取力度，在确保数据安全前提下建立互通互联的数据共享开放系统，进一步提高涉税数据的全面性，切实解决征纳信息不对称问题。二是规范涉税数据共享规则，做实数据。加快建立全省统一的数据资源库，统一各类涉税数据的标准规范、格式代码、统计口径等，制定规范统一的数据采集、甄别、审计、评价、分类、应用等系列规则，推动形成标准化、规范化、可视化的大数据仓库，确保各类涉税数据可以有效共享整合，增强数据实用性。三是严把涉税数据质量审核关，做优数据。建立数据质量审核管理机制，加强系统间的数据共享关联，定期对不符合规范的数据进行甄别、加工、修正；制定涉税数据管理、考核和数据变更等管理制度，建立涉税数据增量、质量逐级负责的问责制度，让数据采集者和数据使用者协同维护数据质量，推行数据指标质检，确保数据的真实性和准确性。

（三）全面强化大数据分析应用，推动管理模式从“管户”到“管事”再到“管数”转变

大数据不仅要掌握海量数据，关键是对数据的深度挖掘和利用，发现数据背后的价值。在大数据时代，全省地税部门应加快推进数据分析应用，深度挖掘涉税数据“金山银库”背后的价值，为各项税收改革创新提供有力支撑，实现税收征管、风险管理、纳税服务、税收决策等从“管户”“管事”向“管数”转变。

1. 按照大数据理念深化业务同质化改革，构建“大征管”格局

主要从三个方面着手：一是依托数据流重组税收征管前后端业务。以业务同质化为核心的“先办后审”“同城通办”等税源专业化改革已将属地的“管户制”逐渐转变为专业化的“管事制”。在大数据、“互联网＋”支撑下，用数据流推动信息流、管理流、业务流等实现数据化，进一步打通前后台和工作流程各环节，窗口服务前端随着“同城通办”改革深化，将突破行政区域限制，根据业务量和办税便捷性进行跨区域整合，最终进化为只有少量服务窗口甚至无服务大厅的纯“互联网＋”形式；税源管理、风险评估、税务稽查等后端则根据纳税人规模、行业、业务种类等标准重建管理业务和机构，实行专业化、团队化管理，并基于数据流实现“管评查”的有机联动。二是应用大数据推动组织收入重心向数据驱动型转变。面对经济下行压力大、政策性减税因素较多等严峻形势，强化数据分析应用，从数据中找税源，用数据管税源，借数据增税收，推动组织收入由税源驱动型向数据驱动型转变。例如：通过数据分析查找出组织收入工作的薄弱环节和征管漏洞，及时堵漏增收；通过数据比对分析结果推送征管疑点，并提供数据佐证，提出具体解决方

法，提高税收征管精准度，加快信息—数据—税源—税收的转化；通过综合利用报表数据、征管数据、第三方数据、互联网数据构建税收大数据分析模型，深挖数据之间的相关性和规律性，提高税收预测分析的科学性和准确性，增强组织收入工作主动性。三是借助大数据、“互联网 +”技术创新税收征管方式。以大数据“人物画像”手法建立覆盖纳税人全方位信息的电子档案，弥补对纳税人情况了解不深入、变化掌握不及时等缺陷，并借助其标签能力实现个性化的税源管理和服务；大力推行电子发票，并实现发票涉税信息自动生成，改变“以票控税”传统方式，降低税收遵从成本。

2. 依托大数据技术统筹风险业务，构建“大风险”格局

着眼于推进以风险管理为核心的后续管理改革，依托大数据对风险管理业务流程进行梳理重塑。一是建立大数据应用和税收业务相结合的风险管理体系。在大数据已打通各种风险业务数据层面的情况下，将数据管理流程和税收风险管理流程有机融合，统筹整合纳税评估、稽查选案、风险排查、内控管理、绩效考核等业务，建立“指标设计 + 风险推送 + 应对流程”的标准化风险管理业务体系。二是建立风险统一推送和指标分级管理相结合的风险管理机制。针对“管评查”联动不畅、重复下户等问题，由市级风险管理部门统一推送风险任务，将选案、日常及专项风险排查等评估事项统筹推送到征管、稽查等应对部门，及时发现和处理预警事项；建立风险指标分级管理机制，鼓励基层单位结合实际，创新风险分析方法和风险指标；运用大数据评价指标效能，全面评价风险指标完成情况，及时调整优化风险指标。三是建立事前防范和后续管理相结合的风险管理链条。针对“先办后审”、商事登记制度等改革中的税源监管

风险，进一步完善税收风险指标和纳税评估模型，推广应用风险管理评估系统，对纳税人海量数据进行深度整合、分析和挖掘，形成风险识别、等级排序、任务推送、风险应对、风险反馈、监督评价的全流程、闭环式管理链，强化纳税评估，提高后续管理的精准度，最大限度降低税收风险。同时可借鉴美国联邦税务局做法，强化事前税务风险管理，在纳税人申报时，借助第三方、互联网等获取的涉税信息自动识别不匹配的申报表，从而发现税收风险点并及时应对，确保纳税人准确诚信申报纳税，减少事后评查，变事后打击为事前防范，实现从“发现问题、应对风险”到“提前介入、防范风险”的升级转变。

3. 适应大数据发展建设“互联网 + 税务”，构建“大服务”格局

主要从三个方面着手：一是通过“互联网 +”技术广泛收集纳税人服务需求。建设互联网口碑分析系统，分析纳税人需求和行为偏好，依托大数据和云平台生成各种政策或服务评价的口碑云图，深入探究各群体、各类型纳税人的个性服务需求，并与纳税人实时互动，强化需求反向驱动，以数据驱动服务的精准化和多元化。二是大力推进“互联网 + 纳税服务”创新应用。积极应用移动互联网新平台，将传统实体业务逐步电子化、网络化，推动实体办税向电子办税转变，实现全电子化资料流转、全流程无纸化办税、全业务“网上通办”；依托互联网技术，大力推行电子证照、自助终端通办、网上预约办税、预填单、免填单等便民办税举措；创新缴纳税款方式，积极引入微信支付、支付宝、银联在线支付等方式，并在前台或者自助终端推出扫码支付等，真正实现随时随地纳税；依托互联网技术深化国地税合作，在联合办税、共建 12366 服务热线、联合

建设电子办税服务厅、联合应用微信公众号、联合开发税务移动App等方面取得新突破，打造综合性的掌上“智能办税服务厅”。三是开发应用体验式办税服务。以纳税人体验为导向，持续优化纳税时间提醒、办理渠道推荐、交通路线导航、拥挤分流推荐、知识库业务咨询、办税进度查询等人性化服务，为纳税人提供全方位、全流程的系统化整体服务方案；通过数据分析核实相关税收优惠政策执行情况，对未主动享受优惠的企业适时提醒，确保税收优惠政策落实到位。

（四）全面搭建大数据管税平台，推动技术支撑从独立分散向集成联动转变

以金税三期系统为基础，向总局提出相关业务需求，优化系统功能开发，开放业务权限和数据接口，推动国地税业务、信息等互联互通，为大数据应用、“互联网+税务”提供有力支撑。在金税三期系统互联互通的基础上，加快建设统一的大数据管理平台（图3），为数据管理提供技术支撑。一是建立统一数据应用平台，完善省级或市级数据统筹管理机制。把数据管理从具体业务系统中分离出来，打破过去应用系统与数据库一一对应的关系，确保数据运用的统筹性和规范化，以六个“统一”提升大数据的规模效应，即：以云计算中心统一运营服务器硬件，以电子数据管理系统统一提供数据管理门户，以元数据管理系统统一维护数据字典，以数据交换系统统一实现数据共享，以数据质量管理系统统一强化数据质量，以数据安全系统统一把控数据安全。二是建立分级数据管理机制。机关和基层各单位协同实施数据采集、数据安全、数据质量管理等事项，上下联动，共同推进数据管理。三是提升数据应用效能。在内部数据应用上，突出工作全局管控，强化对征管状况的监控和税收工作整体效能的评估，通过“画像”多维度、立体化、可视化地展示全系统收入现状与趋势、纳税服务能力与评价、税源管理情况与风险、人力资源分布等内容，为精准管理提供数据支撑。在外部数据应用上，突出税收风险管理，通过加强国税发票数据分析、开展国地税关联税种比对等。在综合数据应用上，突出多维度、全方位的经济税收分析，为各级党政部门提供科学有用的决策参考。

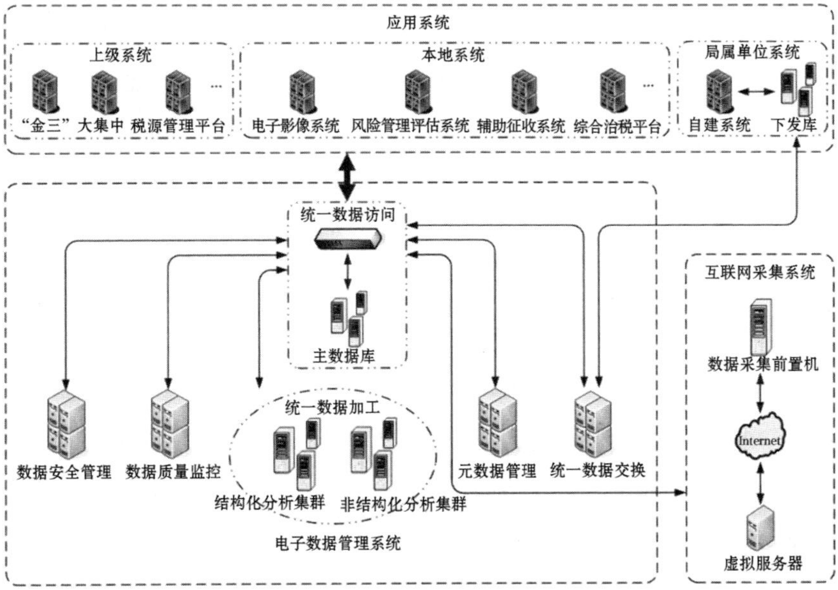

图3　大数据管理平台流程示意图

（五）全面建立适应大数据要求的组织保障体系，推动资源配置从按业务层级分配向按数据流优化转变

在大数据时代，税务部门用好用活数据的同时，也需要对组织

体系调整优化，改变过去按业务工作量、管户数等配置人力资源的做法，按大数据、“互联网+税务”要求，对组织架构、人力资源等进行适当的重组和优化配置：一是调整优化适应大数据发展的职能机构。主要从三个方面着手优化：建立组合式、多元化的税源管理机构。在大数据的支撑下，税源管理机构不再与属地挂钩，而是根据税源管理需要进行重新组合设立。例如，根据纳税人规模成立大企业管理局对大型企业进行精细化管理，设立中小微纳税人管理机构对个体户进行规范化管理，根据行业管理需要设立房地产管理机构统筹解决跨区税收难题等（见图4）。建立市局层面的统一风险管理部门，负责统筹和指导风险评估的开展，指导风险挖掘手段的探索创新，统一推送风险任务，指导建立风险闭环管理链条等。建立集中的数据管理统筹部门，负责统筹组织全局数据管理工作，指导各单位实施数据管理；按“互联网+”要求统筹实施对外服务软件系统同质化改造；统筹开展数据分析、综合治税工作等。借鉴江苏等先进地区经验及基层单位试点成效，数据管理部门、风险管理部门可以合并设立，人力资源配套调整。二是优化税收业务岗位资源配置。依照数据流和组织架构设置调整优化岗位资源配置，例如，随着办税服务向电子化、“互联网+”发展，加大数据管理岗位人员比重，将办税服务厅人力资源重点调整到数据管理岗位；将精业务、懂技术的复合型人才优先配置到数据管理岗位，集中优势资源推进数据管税工作；调整优化基层人员配置和职责，让税收管理岗位人员更多承担数据采集、风险调查、纳税人服务和维权等事务，推动税收人员岗位职责逐步向风险管理、纳税评估转变。三是加强大数据、“互联网+”人才培养。大力吸收和培养具有大数据、“互联

网 +”思维和技术能力的人才，注重加强学习培训，加大业务岗位与信息岗位的人员交流轮岗力度，从实际工作和实践中培养熟悉税收业务、数据管理的综合性、复合型人才，做好大数据和“互联网 +”人才储备，为数据管税战略推进提供坚强的人力资源保障。

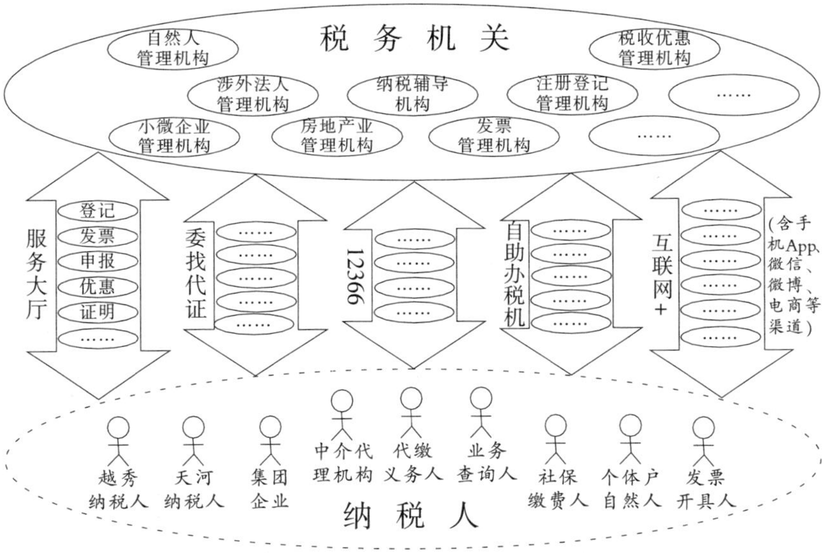

图 4　税源管理组织机构变革图

调研组组长： 揭　晔

调研组成员： 唐铁建　陈杰辉　王朝晖　文　芸　胡裕堂　黄　峥　杨文涛　郑毅晖　陈英聪　王　隽　陈　健　林映君　彭佑文　王经胜　张芳亮

【专家评议】

扬大数据思维，加速推进税收治理现代化

焦瑞进
（中国税务学会学术委员会副秘书长）

2017年10月20日，笔者受邀参加广东省地税局科研所组织的“岭南财税坊”主题讨论活动，探讨大数据与税收征管新格局。恰逢党的十九大隆重召开，以学习十九大精神来探讨这一专题，更感大数据引领税收治理现代化改革的紧迫性。习近平总书记在十九大工作报告“不忘初心，牢记使命”中指出，中国共产党领导中国进入了一个新时代，肩负新使命，必须以新思想引领伟大的新征程。这“四个新”的认识，擘画出一份中国发展蓝图的纲领性文件，将引领未来中国伟大复兴之路，实现把我国建成富强民主文明和谐美丽的社会主义现代化强国的总目标。围绕新时期这一伟大目标的实现，结合“岭南财税坊”探讨大数据与税收征管新格局专题，笔者认为在税收领域应着重做好以下三个方面的工作。

一、积极推进税收治理现代化

把我国建成富强民主文明和谐美丽的社会主义现代化强国，首

先要实现国家治理体系和治理能力现代化。这不仅预示着国家治理体系和治理能力现代化将成为我国“两个一百年”奋斗目标中的重要组成部分，而且是强国梦现代化体系中的顶层目标。国家治理现代化的思路和逻辑贯穿“五位一体”的各个部分。国家治理体系和治理能力现代化既是一个战略目标，也是一个支撑体系，能够为我国在新时期推进经济、政治、文化、社会以及生态文明建设，全面建成小康社会提供重要支撑。在这个问题上，报告并未回避问题，特别提出“国家治理体系和治理能力有待加强”。这进一步说明现有的国家治理体系和能力与人民日益增长的美好生活的需要仍然有一定的差距，对于推进“四个全面”战略布局，实现“五位一体”总体布局的要求仍然有一定差距。因此，在未来一段时期内，推进国家治理体系和治理能力现代化依然是我们党的重要目标。

推进国家治理体系和治理能力现代化，税收治理现代化将有重中之重的影响作用。早期为贯彻落实十八大会议精神，2014 年 6 月 30 日习近平总书记主持的中共中央政治局会议，审议通过了《深化财税体制改革总体方案》。会议指出，财政是国家治理的基础和重要支柱，财税体制在治国安邦中始终发挥着基础性、制度性、保障性作用。由此我们可以认识到，财税体制改革是一场关系国家治理体系和治理能力现代化的深刻变革，是立足全局、着眼长远的制度创新。因此，积极推进税收治理现代化，将是十九大新时期税收工作最重要的新使命，必须以新时期的新思想引领这项关系国家治理体系现代化进程与成败的重点工作，是一场改革新征程，使命重大，任重道远。

二、正确把握税收制度改革的使命要求

《深化财税体制改革总体方案》部署全面深化经济体制改革时提出："加快改革财税体制，健全中央和地方财力与事权相匹配的体制，完善促进基本公共服务均等化和主体功能区建设的公共财政体系，构建地方税体系，形成有利于结构优化、社会公平的税收制度。"对此，十九大报告再次强调，"深化税收制度改革，健全地方税体系"。这一段关于税收工作的表述，篇幅不大，意味深长。对比十八大对财税工作提出的要求，十九大文件表述更言简意赅，目标要求高度一致，清晰可见。这种表述，一定程度反映出在砥砺奋进、各领域取得辉煌成就的五年，财税改革原地踏步，没有实质性的进展。两届大会提出同样的目标要求，更体现国家对财税改革的高度重视和期待，事关国家治理体系现代化建设的基础和支柱，使命重大，意义深远，财税部门应予以高度重视。

细观两届会议文件表述的细微差异，十九大特别强调"深化税收制度改革"，将财、税分离表述，某种角度预示着税收制度的改革虽然与财政改革存在必然的内在配套联系，但是在诸多工作领域中可以不受财政体制的掣肘，独立先行先试探索深化改革的内容和路径。同时，这种独立表述可从另一种角度揭示出，税收制度改革在本届政府将担当特殊使命，希望能够突破传统束缚引领新的变革，满足新经济体系现代化建设提出的与之相适应的现代税收制度使命要求。这种使命要求包括：一是在政策上搞活市场资源，鼓励新经济体系内容的健康发展；二是在制度上减轻新经济实体各种负担，

促成新经济实体轻装上阵，加速推进现代化进程。最后，独立表述“深化税收制度改革”，说明财税体系的系统改革先要解决“收”的问题，“收”的问题解决不了，就没有现代财税制度建立的基础。解决“收”的问题，一是要优化税制，现代税制要适应现代化经济体系发展的要求；二是“收”的模式，回归税收分配本质，不能强收、瞎收，要以现代大数据思维，创新国民收入分配方式，建立大数据、大金融、现代化的国民收入分配体系。

三、以大数据思维加速推进税收治理现代化

推进税收治理现代化，必须贯彻新发展理念，建设适应现代化新经济体系的税收制度。进入新时期，随着网络化大数据时代的到来，大数据技术、网络化思维和云算法模式不仅引领着现代经济体系向数据化、全球化发展，更是颠覆性地改变了经济基础结构，衍生多种新型经济业态和混营模式引领经济发展。目前，欧盟委员会审视其税制与经济发展关系现状，面对互联网经济和大数据日新月异的迅猛发展，欧盟委员会认为，基于传统经济制定的现行税收体制已跟不上现实发展需要，尤其无法适用于不断增长的基于无形资产和数字经济活动发展的要求。由此，欧盟委员会提出，对数字经济更加公平地征税迫在眉睫。数字企业主要基于无形资产进行经营，成本降低的同时又能享受税收优惠，跨国数字企业还能基于无形资产的高移动性而进一步降低税负，通过不设常设机构进行避税，甚至可以利用最优惠的税收体制将实际税负降低到零。

构建税收治理现代化体系，一个基本指导思想就是融入社会、

集成资源、优化税制促发展、简化征管降成本、简政放权提效率。

融入社会，就是要将税收工作融入现代化经济体系整体考虑，实现税收与经济的整体有机契合。一方面要坚持以经济为基础实现税收合理分配，同时研究在恰当的经济领域实现分配，解放市场配置资源的主要途径，促进市场充分发挥资源配置高效机制，促进现代经济发展。

集成资源，就是要充分利用市场和经济领域已经铺就的信息网络资源为我所用，以大数据、互联网和云计算思维，通过“互联网+税收”的改革模式，依托经济领域各税收节点的分布关系直接解决交易过程中价税分离、税款直接入库的问题，修正传统集中征收模式高成本低效率的做法，推进税收工作的信息和现代化进程。

优化税制，就是要充分认识现代化经济体系的内涵实质，理论上厘清新经济内容的税源所在，制度上科学地修正现行税制18个税种与新经济内容的对接，有效地建立新型税收经济关系，既保证税收基本职能的实现，为国家公共服务产品提供必需的财力保障，又要高效促进国民经济发展。其中，一个很重要的方面，就是如何建立互联网环境下经济全球化条件下的地方税体系，理顺地域管理及层级管理的收入分配关系。

简化征管，是十九大报告再次强调“放管服”的基本精神。现代治理条件下的“放管服”，是在政府行政部门减政放权同时，通过社会综合治理规范纳税人市场行为，通过政府服务促进纳税遵从。在大数据环境下，简化征管也要创新思想，摒弃登记、申报、发票等的传统手段和“征、管、查”守旧模式，充分利用现有社会网络资源和信用体系，在优化税制的基础上以云计算分布式方案化解税款缴库方式，以此杜绝任何形式的税款流失和洗钱行为，从而彻底解放征纳双方繁重的日常税务管理工作，体现税收治理现代化的优越性。

推进税收治理现代化是实现国家治理现代化的重要组织部分和突破口，是服务现代化经济体系建设发展的重要途径和手段。财税部门一定要认真学习领悟十九大新时期、新使命、新思想和新征程的“四新精神”，以新思想引领税收制度改革，突破守旧思想和传统征管模式的束缚，把十九大提出的税收制度改革任务扎扎实实地推向前进。

大数据与治税模式的更新

杨志勇

（中国社会科学院财经战略研究院研究员）

习近平总书记在十九大报告中指出："深化税收制度改革，健全地方税体系。"税收制度改革不仅仅包括具体税制改革，还包括税收征管制度、征管模式等一系列内容。中国特色社会主义进入新时代，大数据在国家治理现代化中的作用将进一步得到发挥。用好大数据，提高税收征管水平，是建设与社会主义现代化强国相一致的税收制度所不可或缺的内容。大数据时代的到来，对税收工作带来了很大的冲击。直面新时代，在实践中认识规律、把握规律，化解现实中遇到的各类矛盾，税收制度的现代化目标才能早日实现。笔者拟结合大数据与治税模式更新，谈些学习体会。

一、数据与税收决策

税收决策需要数据支撑。无论是在传统时代，还是在大数据时代，都是如此。传统工业化社会，税务部门治税更多利用的是纳税人提供的数据，如企业财务报表、纳税人税收申报资料等数据。这些数据是大数据的组成部分，但大数据远远不止这些。

可能为税收征管所利用的数据，只要有可能就应该加以收集，并最终形成大数据库。这样的数据库，典型特征就是海量数据。数据既包括税务部门自有的，也应该涵盖外部采集数据。可以预期，商业公司合作提供的数据，包括各种云数据，都是大数据的组成部分。

大数据的利用受到技术的限制。技术是不断进步的，因此数据的采集应该有前瞻性。不是所有数据在任何时候都能得到利用，但是随着技术进步，一些过去不能用的数据现在就可以用了，一些现在还不能用的数据在未来就可能得到利用。基于此，大数据收集需要强调数据的完整性。

大数据的利用需要基于标准化的数据。各种数据自身是以个性化表现出来的。标准化与个性化是相对而言的，适当的技术可以将个性化数据转化为标准化数据。数据治税的基础是数据。所收集的数据不一定就是完全准确的，甚至还可能是造假而成的数据。但就数据自身而言，最难的是缺乏数据，因为即使是造假也是有规律可循的。数据清洗技术的发展完全可以让那些看上去质量不够高的数据变得可资利用。

大数据是为提高效率而收集的。大数据有了技术的支持，决策效率才能得到提高。大数据不一定是税务部门独家享有的数据。互联网时代有许多数据是必须开放共享的。

二、大数据可能带来的治税模式变化

大数据时代的到来，可能带来治税模式的变化。这至少包括以下三方面的内容：

第一，政商模式的变化。随着大数据时代的到来，税务部门必然要和商业公司合作，以获取治税所需的大数据。数据重在读取和利用，而不是拥有。这样，税务部门和商业公司之间将因为数据的分享而形成一种特殊的合作关系。一方面，税务部门的行为是政府行为，不能因此增加商业公司的额外负担；另一方面，税务部门和商业公司的合作只能是平等合作关系，而不应该是公权力的体现。治税模式需要与政商模式的新变化相吻合。

第二，税收征管模式的变化。大数据将促进税务组织的扁平化。税务机构分级设置的现有做法势必作相应的改变。即使分级仍然存在，那么分级的形式以及各级税务机构的功能定位也可能发生变化。扁平化的总体特征将更加突出，这意味着税收征管模式将有根本性的变化。

第三，税务人员思维的变化。传统社会中，税务人员盯住纳税人，盯住企业，管户确实卓有成效，但是随着大数据时代的到来，再沿用这样的模式就可能不利于征管效率的提高。税务人员思维需作相应的改变，即从管户到管数的变化。数据本身可能是抽象后的结果，大数据所披露出来的信息，完全可能解决一些按照传统征管方法无法解决的问题。海量数据的处理可能为治税提供新的模式。

三、大数据时代可能需要应对的新问题

大数据时代有其便利，但也会带来新问题。以下几方面值得

关注：

第一，数据利用技术。这是大数据治税有效的基础条件。技术在不断进步，一些原有技术无法发现的问题，而今随着算法的更新，已经不再是问题。深度学习等方法，都可能大大提高数据利用水平。大数据治税需要紧跟技术变化，特别是技术模式的根本性变化，更值得关注。

第二，数据安全。这是大数据治税的保障问题。数据的安全与否，直接关系到数据的利用。如果连数据自身的安全都无法做到，那么其他基于数据之上的技术开发和应用都会是无源之水。数据安全问题一直受重视，这个问题怎么强调都不过分。数据安全可能面对的挑战有些是很不确定的，需要未雨绸缪。

第三，大数据相关人才的储备。大数据治税对人才储备提出了严重的挑战。新生事物需要有高精尖的人才。从现实来看，税务机关人员的工资薪金收入与同等专业技术的市场人士相比，还有相当大的差距，尚不能吸引足够多的人才，而且现有的人才还面临随时被挖走的境地。这样兼备计算机、税务、会计等专业知识的人才，本来在市场上就有很多机会。

第四，新旧治税模式的衔接。大数据时代和传统社会不一样，但大数据治税时代的到来不会一蹴而就，这中间肯定需要过渡阶段。在不同阶段，大数据扮演不一样的角色，一开始，大数据治税更多是辅助性的。只有当技术条件、数据条件、人才条件等成熟时，大数据治税才可能真正成为主导性的治税方式。在过渡阶段，做好各种准备工作，才能真正应对新治税模式的到来。

第五，数据成本。大数据治税是未来的发展方向，但这不等于现在就具备条件。不同时期不同技术条件下，数据的获取成本会有很大差异。为此需要算清经济账，如果数据成本长期高于收益，数据如何获取就需要谨慎考虑。大数据时代对传统会计也会带来冲击，治税所需数据的来源和形式也会发生相应的变化。

大数据管税新格局亟待顶层设计

罗伟平

（深圳市国税局科研所所长）

广州市地税局课题组的报告，对策针对性强，既建立适应大数据要求的组织保障体系，推动资源配置从按业务层级分配向按数据流优化转变，又全面搭建起大数据管税平台，推动技术支撑从独立分散向集成联动转变，政策建议切中问题要害，符合当前大数据应用的实际情况。

站在科研工作角度，我们的工作既要切合当前的税收工作实际，又要了解国外发达国家和地区在税收管理方面的有效举措。对此，笔者谈谈以下三个方面的内容。

一、认识税务管理与大数据的关系、未来的发展方向与国际借鉴

大数据是指无法在一定时间范围内用常规软件工具进行捕捉、管理和处理的数据集合。这里必须厘清两个方面的问题：一是传统的税收体制已跟不上现实发展需要，无法适用于不断增长的基于无形资产和数字经济活动发展的要求。二是由于大数据技术的应用，

我们可以利用现有的、分布取得的数据，运用技术提升我们的税收征管、纳税服务和稽查水平。国家税务总局已经提出税收现代化六大体系建设，纳税服务现代化和信息技术现代化是最重要的内容，就是要尽量利用信息化手段、现代化手段来提升纳税服务水平，提高税收监控的水平和威慑力。

从国际借鉴来看，必须对电子税务局、金税三期系统不断更新、改进，使税收管理的组织架构符合国际惯例并切合我国实际。在国际上，早在2000 年，美国税务局就完成了全系统机构设置重大改革，从按职能设置机构改为按纳税人类型设立专业化的管理机构，设立了“大中型企业”“小企业及其个体经营者”“个人纳税人”“免税组织和政府部门”四个主要管理部门。税务资源配置也发生了很大的改变，2002 年美国总的税收行政经费当中，纳税申报及服务已达总经费支出的23%，管理机关的支出仅为5%。已经实现了稽查、后勤与支持、纳税申报与服务各占三分之一的比例。实现了集中征收、重点稽查的目标，围绕数据整合机构、优化流程管理是充分发挥大数据作用的根本保证。

二、当前实现税收治理现代化的外部制约条件

认识我们优势和确定方向的时候，更重要的是认识到这些外部因素的影响。这些来自外部的法律、政府部门之间的配合、执法水平、社会发展程度等因素都会影响税收现代化。

一是现行的税收法律在刚性、权威性方面不足，还有税收执法方面，全世界来看，俄罗斯有税务警察，有些国家还有专门的税务

法庭，我们这些方面力量比较薄弱，公检法方面也存在一定问题。我们把违法案件转交到公安、检察院去的时候，因为专业性很强，公安、法院调查、审理难度大、时效长，威慑效果差。二是法规缺失问题。税务局委托金融等部门外包服务时，一定会遇到怎样管理发票、怎样搭配人力资源等问题。三是政府部门之间互相配合、支持存在问题。如自然人、法人两个数据很难做到唯一性，数据的开放服务也不足。如现在一些人用假身份证注册企业，偷骗税，在国税发现了这个问题，仔细分析，这个问题不是我们能解决的。因为是前面环节出问题导致我们接手时问题暴露出来，严重影响我们提升征管水平和执法的威慑力。

三、提升税收治理水平需要顶层设计

现行的自然人和法人由公安局户籍管理及工商登记管理的政府信息管理模式，已经滞后于我国市场经济的发展，阻碍了部门间的信息共享和政府整体管理水平的提升，因此由上而下的顶层制度设计和改革显得尤为必要。

第一，必须强调制度设计的战略性、前瞻性及可行性。有必要成立专门机构统筹统一管理自然人和法人信息，确保信息的统一性、唯一性和开放性；管理政府部门信息化建设的平台、编码和接口标准。需要把这些职能，由国家的一个专门的部门管起来，确保统一性和唯一性。只有提升政府部门信息共享水平，才能整体提升政府社会管理水平和社会服务水平。

第二，通过整合、分层级向各级政府企业开放服务，税务局得到自然人的准确、唯一资料后，才能据此开展管理工作。税务、工商、海关、银行等部门就不会出现辨不明企业真假和经营行为真实性的问题。

第三，现在的三证合一、四证合一，也折射出自然人和法人信息缺乏唯一性的后遗症。如果自然人和法人数据具有唯一性，所有的政府管理部门就不需要进行那么多的证照整合，如果不整合法人和自然人的基本资料，就意味着还存在其他证件的继续整合问题。如不动产登记中的不动产权在自然人及法人中的归属证件，自然人的社保、医疗、车辆管理的证件，同样存在继续整合的必要，重复的工作和浪费仍然不可避免。

因此，运用大数据管税任重道远，许多基础工作有待做好，才能真正发挥大数据技术提升税收治理水平的作用。

抓住新机遇，开展税务大数据研究示范

姚维保

（广东财经大学财政税务学院副院长）

党的十九大吹响了国家迈向新征途的进军号角，开启了税收治理现代化的新时代。在十九大报告中，习总书记多次提及大数据、互联网，如“加强互联网内容建设，建立网络综合治理体系”“善于运用互联网技术和信息化手段开展工作”等，希望在新时代中国特色社会主义建设过程中，牢牢把握信息革命的历史机遇和战略窗口，建设网络强国，为实现中华民族伟大复兴的宏伟目标提供强劲动力。随着“互联网＋”技术的快速发展，大数据为推进我国税收治理现代化提供了动力和平台，成为财税体制改革的新机遇，税务部门在推动财税体制改革时，必须能够充分运用大数据的重要价值，实现税务数据创新驱动，有效提升我国财税管理水平。

一、大数据带来的挑战更需要深思

大数据技术对于税务治理而言是机遇也是挑战。从挑战的角度上讲，主要有三个方面：一是税务部门要建成税务大数据平台，不仅要协调多个政府部门形成共识，而且在平台的技术方面也要深度发展，如可视化数据分析、数据智慧运用等。二是数据安全的挑战，税务数据信息庞大，在数据收集、交换、分析过程中，都可能存在数据安全风险，特别是涉及个人数据部分。三是人才建设的挑战，既懂税务业务又熟练掌握税务数据收集、研究、深度挖掘的税务人才还不够。

二、数据管税的核心在于数据

大数据时代下数据管税新格局如何构建，构建的水平如何，关键要处理好三个方面的内容。

首先，数据本身。大数据从何而来，来时的数据状态如何，以及需要我们如何应对的问题。尽管现在大家都明白大数据是重要的资源，但获取的数据，它的客观性、准确性、标准性、合法性究竟如何，是需要思考的，无论是用新的数据挖掘技术也好，还是从税局正规渠道获得的也好，都需要对数据本身进行再审视，甚至再加工。这其中还要克服部门与部门间的数据独占的问题。

其次，数据治理。这么多海量的税务数据，如何去管，仅仅是放在数据仓库里面，还是分类分级地管理、形成数据地图便于利用，也要充分地考虑。对税务数据的管理，是开放存取式的、公共获取式的还是集约内涵式的，如何选择管理方式，个人认为以有利于提高办税效率和提高纳税人自觉遵从度为标准。

最后，数据研究。数据研究不仅是研究数据的共享和应用，更重要的是以税务数据为对象，从不同角度探讨出深层次的内涵，比如数据与纳税人情绪的关系、数据与精明增长的关系、数据与产业转型升级的关系等。

三、数据管税格局的未来展望

一是突出数据驱动创新意识。从目前数据管税的进展来看，数据共建共享仍然是重要的障碍，影响着数据管税水平的提升。一方面数据在不断地增加，另一方面税局又存在数据收集不充分、不完善的焦虑感，如在高收入自然人税务稽查方面，数据分析又显得不够有力。因而，各级政府部门以及税务人员要充分认识和重视数据在推动税收治理方面潜在的巨大作用，通过数据不断驱动创新。

二是积极开展税务大数据的研究示范。通过示范效应，引导不同行业、部门参与到数据管税的大格局中。以税局区域信息中心为依托，在全国建立起大数据研究示范区，聚焦中小企业税负、税务营商环境等热点问题，开展研究。同时，税务部门要尽快制定税务大数据标准规范和政策法规建设，建立采集、处理、应用全过程数据控制规范，实现数据的集约化管理，用以规制大数据采集、交易等，保障税务大数据的安全、规范获取和及时、有效利用。

大数据是建立税收征管新机制的强有力工具

陈晓敏

（广东省地税局直属分局（大企业局）副局长）

10月20日，我应邀参加了广东省地方税务局科研所主办的“岭南财税坊”2017年第2期主题讨论活动。看到由广州市地税局课题组主讲的这一研讨主题，为之惊喜，也为之振奋。该主题正是当前进行的深化征管改革的一项重要内容，也是我们探讨如何有效利用大数据进行科学分析，提升税收治理能力的出发点。

一、时代发展呼唤税收征管新机制的建立

习近平总书记在党的十九大报告中提出：“要贯彻新发展理念，建设现代化经济体系。建设现代化经济体系，必须把发展经济的着力点放在实体经济上，把提高供给体系质量作为主攻方向；创新是引领发展的第一动力，是建设现代化经济体系的战略支撑。”实体经济高质量发展关键要素是技术、资金、劳动力，只有优化制度环境，实现实体经济与三大要素协同发展，才能推动实体经济沿着高质量

轨道成长。

税收政策作为制度环境的关键要素，是影响实体经济走向的调节器，提升税务治理能力，对纳税人精准服务和管理，助力实体经济高质量发展将是今后深化征管改革的一项重要主题。随着互联网技术的高速发展，大数据已经渗透到各行业和领域，已成为重要生产要素，是一个组织或国家竞争力的重要来源和重要标志。因此，作为经济调节器的税收政策，也应适应时代的发展，充分利用大数据这一基础性战略资源，建立与时代发展相协调的税收征管新机制，服务社会、经济以及纳税人。

二、纳税人需求亟待税收征管新机制的建立

随着世界步入全新的大数据时代，越来越多的企业认识到大数据应用的重要性，特别是大型企业集团，把实施大数据应用放到企业发展战略中统筹考虑，专门制定大数据应用机制，成立专门的数据分析部门，将大数据分析与企业经营的各个环节紧密结合，科学定位市场的走向、生产的分布、人员的配置、财务成本核算以及税务风险等。同时，随着税收法制的日益完善，这些大企业越来越意识到防范税收风险的重要性，也越来越重视提升自身的税收遵从度。由于他们经营的多元化和复杂性，经营范围的跨行业、跨区域，在税收政策等方面迫切需要税务部门提供更多的专属服务和指引。从这个角度上看，税务部门也需要利用大数据精准分析作为支撑，为纳税人提供精准的管理与服务，这正是建立税收征管新机制的初心所在。

三、提升税收治理能力需要税收征管新机制的建立

面对众多的纳税人，依靠传统的方法和机制是难以达到精准服务和管理目标的，无论是税务部门内部管理职能的实施，还是对外开展纳税人服务，都离不开信息技术的支撑。从核心征收系统，到各种数据应用系统，都是进行数据的处理和输出，都是用数据“说话”。当今信息化时代，大数据的分析利用已是举足轻重，信息技术成为提高政府治理能力的新引擎。正如 OECD《利用技术推动税收管理报告》所称：“未来税务部门在遵从管理和纳税服务方面，取决于信息技术应用，其中的两大关键是电子税务局和大数据。”

提升税收治理能力、发挥税务部门服务和管理的两大重要职能，数据分析将是提升管理精细度的基础资源和有力工具。数据资源直接关系着业务管理的精细化水平。

首先，利用数据资源和数据分析处理功能，提高税务部门内部的管理效能和管理精度。从税务部门工作的宽度、广度、深度进行数据分析，全面、整体地监控部门的工作执行情况，预测未来的趋势走向，用数据帮助管理者决策；从整合、汇集、分析各方数据资源，按管理类别、事项、具体个案，监控执行结果，用数据为管理者提升管理精细度；从掌握的海量数据中，寻找各种数据背后的业务规律，根据不同业务需求制订战略规划，利用数据取得先发优势，打造税务部门的核心竞争力，用数据促创新、赢先机。

其次，利用数据资源在微观上服务纳税人，通过对纳税人的大数据广度、深度分析，细分各类企业，了解不同企业个性的需求，

锁定各企业存在的税收风险，有的放矢地向企业提出防范税收风险的建议，在事前、事中管理中服务企业，指导企业提高自身的税收遵从度，寓管理于服务中。

最后，在宏观上服务于政府、社会，利用大数据分析，全面掌握各行业、各地区的税收收入走势和影响税收收入的因素，为政府决策和政策制定提供科学依据和参考，发挥税收调节器的作用。

唯创新者进、唯创新者强、唯创新者胜。只有创新，依靠科学的手段和方法才能实现税收管理科学化、效益化、便捷化。综上，有效利用大数据进行科学分析、精准管理是建立税收征管新机制的强有力工具和技术支撑，也是税收治理现代化的必然。

【互动交流】

税务与大数据何时才是蜜月期

邱撼栋

（佛山市地税局张槎税务分局副股长）

当前，数据的价值尤其是大数据技术应用越来越被人们重视和认可，并有了“谁掌握了数据，谁就掌握了未来”的普遍认识。税务部门作为经济运行中重要职能部门之一，既是数据的需求方、应用方，也是数据的来源方，其在大数据领域探索相比其他政府职能部门有着先天的优势。广东省地税系统近年来各地围绕“互联网+”征管模式改革等探索也多有大数据的标签。但实事求是地看，税务部门虽然在数据采集、分析和应用的广度和深度上有所提升，但大数据探索仍处初级阶段，尤其是基于目前税收工作面临的数据基础、技术基础和功能定位，个人看来，税务部门与大数据的“蜜月期”仍有很长一段路。

一、新征管法未落地，核心数据采集缺少法律支持

大数据应用的前提是数据积累，但数据积累的关键不在“大”而是“有用”。当前，税务部门采集第三方数据主要依靠由政府牵头

的综合治税机制，采集范围和数量根据各地综治税发展水平各有不同，一些地税部门已利用爬虫技术试水互联网数据抓取，但在数据采集上始终存在数据标准、口径、字段不统一，部分核心数据难获取的瓶颈，造成数据量虽然大，但有用数据少、好用数据少的情况。若考虑到今后个人所得税综合税制改革对扣除类项目的数据需求，税务部门现有数据获取能力难以满足管理需求。因此，必须有更强有力的手段支撑有用、核心数据采集，而新征管法的出台有望从法律层面解决税务机关获取信息难的困境。目前，《税收征管法草案（征求意见稿）》第五条第四款、第三十条、第三十二条、第三十五条对各有关部门、单位、金融机构和个人依法向税务机关提供涉税信息作出了具体规定；第七条第一款对各级税务机关加强税收征收管理信息系统的现代化建设，建立健全信息共享机制作出规定；第一百一十一条，对不依法提供涉税信息协助的责任追究予以明确。看上去胜利就在前方，但新征管法迟迟未能出台，不仅使得税务部门对核心数据的采集仍然步履艰难，也一定程度上延缓房地产税、个人所得税综合税制实施进程。

二、税务部门大数据技术力量薄弱，数据挖掘能力不足

大数据的核心是数据挖掘，涉及计算理论、计算工具等相对成熟的软硬件环境，并有专业的分析团队作为支持，目前大数据领域走在前列的国内互联网三巨头——百度、阿里巴巴、腾讯（BAT），无一不是在发展中完成数据的原始积累，并实现了数据软硬件资源

的高度集聚。而税务部门目前受到发展思维、人力资源、技术力量甚至是管理模式的限制，对数据应用方面还谈不上真正意义的数据挖掘，数据应用更多的是实现涉税数据与税种管理的直接或间接匹配，都是一一对应关系，尽管如此，上级下发的疑点数据精准度仍然饱受基层诟病。税务部门缺少有效手段让沉睡的数据苏醒，难以开采数据的金矿、银矿。

三、税务大数据定位不高，社会化应用受到制约

国家大数据战略的目的之一是提升国家治理现代化水平。党的十八届三中全会通过的《中共中央关于全面深化改革若干重大问题的决定》明确提出，要推进国家治理体系和治理能力现代化，强调发挥财税体制在国家治理中的基础性、制度性、保障性作用。虽然深化改革的核心偏重于财政，但这也为税务机关更积极地参与社会综合治理指明了方向。而目前税务机关对大数据的定位主要在于为我所用，提高税收管理和纳税服务效能。同时，作为税务部门参与社会治理的重要手段，纳税信用评价结果的社会化应用范围仍相对较窄，税务大数据和其他部门以及社会管理的互动不足，一旦税务大数据未能站在社会综合治理的高度来谋划布局，易导致较快遇到发展瓶颈，与税务部门将来更丰富的职能定位不相适应。

因此，个人认为，在国家税务总局、广东省地税局未就大数据应用作出顶层设计，制定较为成熟的理念、模式，提供较为智能的软硬件之前，市一级税务部门在大数据领域的探索空间较为有限，

应集中精力将关注点放在以下三个方面：

第一，重视数据治理，优先解决数据质量问题。按照“去垃圾、补短板、控新增”的思路，梳理当前地税部门数据库，将无用数据、垃圾数据进行有效清理；对缺失的登记类、申报类、管理类等基础数据进行修正补充；规范业务流、数据流，减少失真数据、无用数据产生，为后续数据分析应用提供良好的基础。

第二，盘活现有数据，先易后难实现数据有效利用。对现有有效数据进行分类，与税种管理、风险管理、纳税服务等业务按照先直接、后间接，先简单、后复杂的顺序进行匹配，实现数据的有效利用，并根据应用结果检验数据有效程度，不断检验、优化数据源和应用途径，实现好用数据精准用、有用数据选择用、难用数据慢慢用，提高数据使用效能。

第三，开发数据产品，优化提升积累大数据经验。在数据初步应用基础上，基于自身技术和人才基础，有条件的地区可尝试用大数据思维，在个别业务领域开发基于大数据的管理和服务产品，并不断收集使用过程中的痕迹数据，以此对数据产品不断优化提升，将其打造成其成熟的、好用的、可推广的数据品牌，为更高层级制定大数据应用框架提供经验。

最后，我想借鉴百度、阿里巴巴、腾讯（BAT）各自不同的大数据理念，试探性地谈谈税务部门大数据应用的路径：先学百度，立足搜索，充分发挥税务部门数据集聚效应，建立完善、准确的税收数据库；再学腾讯，基于管理和服务需求，开发好的数据产品，并通过实时数据采集分析和流通，不断优化数据产品；最后学阿里巴巴，立足税收部门在社会治理中的突出作用，建立与税收现代化、国家治理现代化相适应的管理模式，不仅将大数据应用于自身业务，还为其他职能部门社会治理提供数据集市和应用平台，真正打造税收和大数据的蜜月期。

第3期　新时代与税务营商环境优化

【研讨综述】

全力优化税务营商环境，助力经济社会高质量发展

谢丽文

（广东地方税收科学研究所）

党的十九大报告描绘了中国特色社会主义进入新时代的宏伟蓝图。贯彻新发展理念，建设现代化经济体系，推动形成全面开放新格局，是十九大报告明确提出的发展理念和发展目标。实现上述目标，迫切需要建立健全法治化市场化国际化的营商环境。2017 年 11 月 24 日，由广东省地税局科研所与珠海、中山、江门三市地税局联合举办的第 3 期“岭南财税坊”以“新时代与税务营商环境优化”为主题在江门召开。本期“岭南财税坊”以全面贯彻落实十九大精神、优化营商环境为主线，邀请了国家税务总局、中央财经大学、浙江省地税局及珠海、中山、江门三市地税局等单位的多位财税专家研讨交流，来自珠海、中山、江门三市地税系统、江门市部分财经部门及企业纳税人代表等共 80 多人参与了现场互动。本期“岭南财税坊”由广东省地税局科研所课题组主讲，江门市地税局陈雁成局长致辞，广东省地税局科研所向景所长主持。

与会专家学者紧扣“新时代与税务营商环境优化”这一主题，对新时代背景下税务部门如何优化税务营商环境进行了热烈交流和深入解读，为进一步优化营商环境、助力地方经济社会高质量发展提供了有益思路。

一、优化税务营商环境既是时代所需，也是税务部门的责任担当

营商环境既是衡量国际贸易与投资便利化程度的重要指标，也是引导国际资本流动和产业转移的风向标，其重要性逐渐凸显。税务营商环境是营商环境的重要组成部分，打造高水准、国际一流的税务营商环境既是时代所需，也是税务部门义不容辞的责任。

近年来，从国家税务总局到地方各级税务部门纷纷出台了一系列政策举措，通过优化税务营商环境提升我国营商环境整体竞争力。长期以来，广东省地税局科研所课题组立足税收中心工作，充分发挥税收科研智库职能作用，主动开展税务营商环境专题调研，自2012年以来持续跟踪广东省税务营商环境变化，形成了一系列可比较的连续性监测数据，研究发现：广东省企业纳税时间从2013年的190.5小时/年下降到2016年的155.5小时/年，4年间下降了35小时。整体上，企业年均纳税时间已接近于部分OECD等发达经济体的平均水平，一定程度实现了对发达经济体纳税便利化的“弯道超车”。这一显著成绩的取得，主要得益于近年来全省税务部门持续推进“互联网+”税务行动计划、大力打造电子税务局升级版等释放出来的改革成效。

与会专家对课题组的这一研究结果进行了高度评价，一致认为课题组紧扣税收热点和焦点，主动攻关税务营商环境课题，极为难得。特别是对世界银行税收营商环境指标评价体系涉及的一些具体指标，如纳税次数、纳税时间、税费负担、前沿距离分数等都进行了非常精准的分析。同时，坚持从群众中来、到群众中去的调研方法，用从基层调研获取的“第一手”数据，为广东税务营商环境画像，既有不同发达省份的省际比较，又有省内部分重点城市的内部比较，资料翔实、框架合理、研究规范，很多结论已经转化为实实在在的部门决策和生产力，这对税务部门下一步聚焦优化税收营商环境、深化“放管服”改革、落实好上级部门工作部署提供了更好的参照。

二、评价税务营商环境优劣既应客观全面，更应该结合国情省情

课题组详细对比了目前全球范围内评价税务营商环境的较为权威的指标体系，主要包括世界经济论坛的全球竞争力报告、《福布斯》杂志的全球税负痛苦指数、世界银行的税务营商环境指标体系三大类。课题组在权衡比较后认为，与前两者相比，世界银行的税务营商环境指标以中小企业为调研对象，且中小企业对市场营商环境的变化更敏感，如一条税费优惠、一笔减免税都有可能影响一家中小企业的兴衰。当然，课题组也认为世界银行的这套指标体系虽有优势但也存在一定缺陷，如纳税时间所占权重过高，或将掩盖企业税费负担重等问题的严重性；对不同经济体比较时，忽视了不同

经济体（如中国这样的大国）内部差异的影响，等等。

与会专家肯定了课题组的这一研究观点，均认为世界银行报告的税务营商环境评价指标体系提供了监测基准，但研究方法仍需结合国情省情进行改进。国家税务总局税收科学研究所龚辉文研究员认为，对税务营商环境进行研究的重点是如何衡量企业的税负水平。一方面，“税费负担重”≠“税负重”，这是因为“费重”需要降“费”，“税重”才需要减“税”，具有税收性质的收费，则需要“费改税”，不合理的收费则需要取消；另一方面，应区分税负高低是由税收政策原因造成的还是企业经营水平造成的，“企业缴纳的税款（包括间接税）占利润的比重”这一指标很大程度上不是反映税负有多高，而是反映企业的盈利水平不理想。中央财经大学财税学院白彦锋教授则结合当前美国特朗普税改计划认为，企业税负高低应结合税制结构看，中美税制结构大不相同，忽略税制结构直接比较两国企业税负，失之偏颇，应全面认识美国税改的战略深意，正确引导舆论，勿陷入国际税收竞争的烟幕弹中。

三、优化税务营商环境亟待基层税务部门的更大作为

新时代肩负新使命，新使命呼唤新作为。广大税务部门坚持贯彻落实中央的各项改革部署，积极发挥税收职能作用，优化税务营商环境，助力地方经济社会发展。浙江省地税局科研处林森副处长结合浙江税务部门大力开展的“最多跑一次”改革，详细介绍了浙江地税在优化税务营商环境领域的优良做法：一是转变管理理念，以诚信假设为前提，还责于纳税人，精简了73%的办税事项，减少

了36%的办税资料，使纳税人办事更简便；二是转变管理方式，突破了管理部门限制、管理地域限制、资料保存限制，把纳税人由“税务局管理”转变为“大税务管理”；三是转变监管理念，基于“放管服”要求，把事中事后监管上由“面面俱到式管理”转变为以数据治理为重心、以金税三期系统为基础、以电子税务局和大数据平台等手段为支撑的“风险评估下的分类分级管理”。

珠海、中山、江门三市地税部门负责人也纷纷结合各市探索实践与经验，介绍了优化税务营商环境的主要举措和做法。珠海市地税局总经济师文英介绍了珠海地税围绕“服务效率最高、管理最规范、成本最低”的要求，持续深化“放管服”改革，进一步降低办税成本，优化办税流程，缩短办税时间，实行智能办税等方面的有益做法。中山市地税局蒙全忠副局长结合中山情况，介绍了中山地税利用“互联网 + 税务”，通过提高线上办税水平，推动办税从“最多跑一次”逐步向“一次也不用跑”转变，更加贴近互联网时代纳税人的办税需要和办税习惯。江门市地税局陈雁成局长则结合江门地税实践，介绍了江门地税坚持问题导向、集成导向和目标导向，不断升级优化电子税务局，目前已基本实现了纳税人“全程不见面”办税，极大地方便了纳税人。此外，三市地税部门的税务人员还结合工作实践，就优化税务营商环境与服务新发展理念等议题和与会专家学者进行了深入交流，既有深度的理论思考，又有实践的真知灼见。

最后，向景所长对本期“岭南财税坊”进行了总结，活动在热烈的掌声中圆满结束。

【主持人语】

为优化税务营商环境建言献策

向　景

（广东地方税收科学研究所所长）

在举国上下正掀起学习贯彻落实十九大精神的高潮之际，我们来到美丽的广东江门，举办第3期“岭南财税坊”，这是一次贯彻落实十九大精神的学习之旅，是一次贯彻落实习近平总书记对广东工作的重要批示精神的行动之旅，更是一次碰撞新时代背景下税务部门如何优化营商环境的思想之旅。首先，我代表主办方，对各位的到来表示热烈的欢迎，对各位长期以来对我所工作的大力支持表示衷心的感谢！

近年来，从国际到国内、从中央到地方、从理论界到实务部门，都非常重视营商环境的建设和税务营商环境的优化。一些非常有名的国际组织和机构，如世界经济论坛、世界银行等，都从不同角度测度世界上100多个经济体的税务营商环境的情况，为全球化背景下的国际资本流动提供指引和参考。

这次财税坊的主题是“新时代与税务营商环境优化”。税务营商环境研究是我们广东省地税局科研所自2012年以来长期跟踪的一项专题研究，已利用世界银行的指标体系进行了多轮监测，取得了一系列标志性的成果，2017 年 11 月份的最新一期《税务研究》，刊登了我们最近的研究成果。这一期“岭南财税坊”，由我们科研所的魏升民同志向大家介绍我们的研究情况。

今天，我们非常荣幸地邀请到了省内外财税理论界、实务界非常知名的专家学者参加“岭南财税坊”。他们分别是：国家税务总局科研所税收理论研究室龚辉文主任、中央财经大学财税学院白彦锋院长、浙江省地税局科研处林森副处长、江门市地税局陈雁成局长、珠海市地税局文英总经济师、中山市地税局蒙全忠副局长。参加这次活动的还有政府部门、企业和媒体的朋友，以及珠海、中山、江门地税的同事，在此就不一一介绍了。

我们相信，围绕新时代背景下税务部门如何优化营商环境，各位专家畅所欲言，见仁见智，碰撞出的观点，交流出的思想，深化出的认识，将为我们深入理解当前中央的重大战略决策做一场生动的课堂辅导，对我们今后发挥税收职能，服务中心工作，也一定会有很大启发作用。

谢谢大家！

【嘉宾致辞】

打造优良税务营商环境，更好服务地方经济发展大局

陈雁成

（江门市地税局党组书记、局长）

大家上午好！

首先，非常感谢广东省地税局科研所给予了我们珠海、中山、江门三市地税部门承办本期“岭南财税坊”活动的机会。远道而来的各位财税专家、珠海市局和中山市局的各位同仁以及江门市政府部门及企业代表齐聚在此，使我们江门市地税局倍感荣幸。在这里，我谨向各位专家、各位领导和嘉宾们的到来表示热烈的欢迎和衷心的感谢。

在刚刚闭幕不久的党的十九大会议上，习近平总书记在报告中作出了“中国特色社会主义进入了新时代”的重大政治判断，明确了我国在新时代发展中新的历史方位。今天，我们在这里齐聚一堂，展开“新时代与税务营商环境优化”的专题研讨，互相学习，互相交流。目的在于通过深入研讨，找到进一步优化税务营商环境的新途径，更好地发挥税收职能作用，更好地服务地方经济发展大局，

更好地贯彻落实十九大精神。在上周全省地税系统领导干部学习贯彻党的十九大精神专题研讨班上，省地税局吴紫骊局长要求我省地税部门必须自觉适应新时代的要求，围绕新发展理念，更加扎实地推进各项工作。在新时代如何进一步发挥税收职能作用，打造优良的税务营商环境，更好地服务地方经济发展大局，已成为当前我们税务部门必须深入思考的课题。

这两年，江门地税坚持问题导向、集成导向和目标导向，从深化简政放权、切实创新监管方式、不断优化纳税服务、持续改进税收执法等方面全力推进“放管服”改革，譬如采取“前台一窗受理、后台分别处理、限时办结反馈”的模式，深化国地税联合办税服务；全面推行管事制改革，以信息技术为支撑推行全面预约办税（费）；优化房地产交易涉税流程，推动实现二手房交易登记、缴税“一体化”办理，压缩办税时间、提升办税效率。同时，江门地税不折不扣地落实各项税收优惠政策，全方位开展纳税宣传辅导，为持续优化江门税务营商环境付出了辛勤努力。

我相信，通过本期“岭南财税坊”的专题研讨，大家的思想在交流中碰撞出火花，一定会为我们下一步税收工作带来新的视野和新的思路，也一定会给珠海、中山、江门三市税务营商环境的优化提供积极的推动作用。

最后，我诚挚祝愿本期“岭南财税坊”活动取得圆满成功！

【主讲报告】

从省际比较看我国税务营商环境变化态势

——来自我国 A、B、C 三省的调查数据

广东地方税收科学研究所课题组

一、税务营商环境的作用及其测度指标体系的选择

近年来，随着经济全球化持续深入发展，无论是新兴经济体还是发达经济体都在竞相优化营商环境，努力保持或打造市场化法治化国际化的营商环境，力争在全球范围内加强对要素资源特别是高端要素资源的争夺，营商环境的重要性愈发凸显。营商环境可视为制度质量的集中体现。现代制度经济学研究表明，制度在社会中具有更为基础性的作用，其主要目标和作用在于节省交易成本，是决定某一经济体长期经济绩效的根本因素；稳定的、具有节约交易成本的制度安排，具有明显的激励效应。营商环境已逐渐成为衡量国际贸易与投资便利化程度的重要指标，是引导国际资本流动和产业转移的风向标。

税务营商环境是营商环境的重要组成部分。2016 年下半年以来，在“死亡税率”“曹德旺投资美国建厂”等社会事件的冲击下，进一步放大了营造良好税务营商环境诉求的社会影响。从中央到地方，

积极回应社会和纳税人的需求，2017年以来，国家税务总局相继印发了《压缩办税时间优化营商环境改革实施方案》《在北京等5省（市）税务机关开展优化税务营商环境试点的通知》《关于进一步深化税务系统“放管服”改革优化税收环境的若干意见》等一系列文件，广东、江苏、辽宁、吉林等地也纷纷出台了优化税务营商环境服务实体经济发展的政策举措，旨在通过简化申报程序、缩短纳税时间、降低遵从成本等，以税务营商环境改善促进我国营商环境质量整体提升。

从已有的公开文献看，关于营商环境的研究较丰富，专门聚焦税务营商环境的研究却并不多见。其中对什么是税务营商环境，认识基本一致，但对如何测度税务营商环境，观测问题角度不同，构建的指标体系也相差较大。在什么是税务营商环境方面，以研究营商环境见长的世界银行并没有给出明确的定义，国内有学者认为税务营商环境是指影响企业遵从税法规定、合理纳税的相关环境条件；有学者认为税务营商环境是指企业遵从税法规定、在缴纳税费方面的条件和状况；也有学者认为税务营商环境是影响企业经营的税收法律、政策、规则、监管等一系列制度安排的总和。上述定义尽管用语不同，但实质是一样的，即不同的税收制度安排，对市场主体的经营行为选择具有不同的激励效果，这也得到了实证检验的支持。如有学者利用世界银行2012年对中国2 700家私营企业的调研数据，实证了企业税率每提高1%，企业经营业绩将降低0.037%；另有学者基于2003—2016年世界银行公布的《营商环境报告》数据，验证了税务营商环境指标的改善对服务业占GDP比重的提高有显著的正向作用。

在如何测度税务营商环境方面，除世界银行构建了度量税务营商环境的指标体系外，也有一些机构和学者开展了类似研究。如世界经济论坛（World Economic Forum）《全球竞争力报告》中的“总税率、税制对激励投资的影响”指标、《福布斯》杂志的“全球税负痛苦与改革指数”以及国内有学者构建了对企业经营税费负担的指数化评价体系，也有学者参考世界银行做法构建的本土化税务营商环境指标体系等。其中，世界银行、世界经济论坛、《福布斯》等构建的指标体系立足世界范围，具有一定的全球可比性；国内学者构建的指标体系主要立足我国国情，考虑到数据的可获得性问题，暂不具有全球可比性。但世界经济论坛、《福布斯》的指标体系局限性也很明显，如世界经济论坛主要通过税制的激励效应评价商品市场效率，《福布斯》的指标体系主要适用于在全球范围内具有配置资源能力的管理人员和企业家。

比较而言，世界银行开发的税务营商环境指标体系更为科学合理。2006 年，该指标体系主要包括纳税次数（次/年）、纳税时间（小时/年）、税收负担（%）三项子指标；2015 年，新增“前沿距离”指标；2017 年，又新增“税后流程”指标；2018 年把“税收负担”修订为“税费负担”指标。目前，该指标体系由纳税次数、纳税时间、税费负担、税收流程和前沿距离分数 5 项子指标构成。不同经济体税务营商环境的全球排名，是由上述各项子指标简单加权平均后计算的前沿距离分数衡量确定。前沿距离区间为 0 ~ 100，100 代表最前沿水平。前沿距离分数越高，表明一个国家或地区税务营商环境越好。该指标体系具有简单、易于识别、易于持续追踪、操作性强、全球可比性等优点，特别是以中小企业群体为监测对象，更具有内在的合理性。这是因为：与大型企业相比，中小企业大都处于产业链中低端，产品定价权和成本转嫁能力弱，对外部环境的变动敏感，加之我国长期以来以间接税为主的税制体系，导致中小企业税收负担普遍存在较强累退性，其对税费负担的感觉更能直观、真实反映税务营商环境的变化。如有学者就利用世界银行的指标体系，对2010—2016年广东省内若干城市的税务营商环境进行持续监测，形成了可比较的连续性数据，并结合座谈会等形式收集中小企业对涉税问题提出的意见建议，效果较好。本报告对我国A、B、C三省税务营商环境的测度，也选择世界银行的指标体系。当然，该指标体系对不同经济体税制差异的考虑不足、纳税时间指标所占权重较大等，一定程度上也影响着其科学性和合理性。

二、我国A、B、C三省税务营商环境变化情况

（一）数据来源及相关说明

本文研究数据主要来自广东省地税局课题组2012年开始的“中小企业税务营商环境调查问卷”项目。课题组利用世界银行的指标体系制作调查问卷，分别在2015年、2017年对A、B、C三省的中小企业进行了两轮问卷调查。具体而言，两轮问卷调查均采取分区域定额抽样方法，每一轮调查主要采集当年度以前两个会计年度的企业数据，即2015年问卷采集2013年、2014年数据；2017年问卷采集2015年、2016年数据。因我国税制全国统一，且地方政府无税种开征权，两轮调查中的“纳税次数”指标均直接采用世界银行的标准，分别为7次、9次。调查覆盖区域为该省域内商业较发达的城

市，主要包括A省g市、z市和d市，B省n市，C省h市，共5个代表性城市。每个城市每一轮调查发放100份问卷（见表1）。

表1　两轮“中小企业税务营商环境调查问卷”情况

项　目	时　间	发放地点	发放数量	采集数据
第一轮问卷调查	2015年	A省g市、z市、d市；B省n市；C省h市	每个城市100份，合计500份	2013、2014年度
第二轮问卷调查	2017年	A省g市、z市、d市；B省n市；C省h市	每个城市100份，合计500份	2015、2016年度

数据来源：课题组整理所得。

问卷发放时，按照制造业企业与服务业企业50∶50的比例，主要面向成立时间在5年以上、5个股东以上、员工人数60人左右、非第一产业、非烟酒类的中小企业发放。主要借助税务系统内参与调查的协税员及相关人员发放和回收，直接督促样本企业负责纳税事务的负责人或具体办税人员填写完成。两轮调查的问卷回收率、回收问卷有效率均在90%以上。同时，还在部分城市召开共60家中小型企业参加的6场次专题座谈会（每场次10家），就问卷反映较多的问题与企业代表、税务专家深入交流，进一步充实研究。

（二）问卷调查结果及原因分析

两轮问卷调查结果显示，近年来我国A、B、C三省税务营商环境出现了一系列新变化，呈现显著的良性改善态势。

1. 纳税时间

纳税时间按每年小时数记录，衡量的是一年内企业准备、申报和缴纳主要税种和社保费等所耗费时间。2013—2016 年，A 省企业纳税时间下降了 35.0 个小时，降幅高达 18.4%；C 省企业纳税时间下降了 3.2 个小时，降幅仅 2.1%；B 省企业纳税时间先降后升，提高了 2.5 个小时，升幅为 1.5%（见表 2）。

表 2　2013—2016 年 ABC 省企业纳税时间情况　（单位：小时）

项目	2013 年	2014 年	2015 年	2016 年	2013—2016 年增减变化
A 省	190.5	180.8	171.5	155.5	-35.0
B 省	168.8	161.2	160.1	171.3	+2.5
C 省	151.7	151.9	155.8	148.5	-3.2

数据来源：课题组问卷调查。

根据世界银行的测度，美国、印度的纳税时间基本没有变化，美国都是 175 小时/年，印度稳定在 240 小时/年左右；日本的纳税时间减幅较大，从 330 小时/年缩短至 175 小时/年，降幅达 47.0%。进一步分析发现，A 省近年来受益于“互联网 + 税务”行动计划、国地税共建一个省级电子税务局等飞速发展，大力推广利用信息手段和网上申报，税务信息化红利充分释放，极大地缩小了与 B、C 两省在纳税时间上的差距；B 省 2016 年企业纳税时间出现一定反弹，主要是受金税三期系统上线时间较晚、新旧系统过渡期带来阵痛等影响。仅就纳税时间这一指标而言，A、B、C 三省基本与美日等发达经济体接近，甚至借助“互联网 + 税务”行动计划的契机，在一定程度上实现了对发达经济体纳税便利化的“弯道超车”。

2. 税费负担

税费负担衡量的是一年内企业缴纳的主要税款和社保费之和占税前利润的比重。2013—2016 年，A 省与 B 省的税费负担较为稳定，基本在 50% ~53%；C 省的税费负担下降幅度较大，从 63.2% 下降到 47.6%，对 B、C 两省的低税费优势从追赶者转变为领先者（见表 3）。同期，美国、日本等发达经济体或印度等新兴经济体的税费负担基本稳定，年均分别约为 44.0%、50.0% 和 61.0%。

表 3　2013—2016 年 ABC 省企业税费负担情况　　（单位:%）

项目	2013 年	2014 年	2015 年	2016 年	2013—2016 年增减变化
A 省	52.1	50.6	55.5	52.8	+0.7
B 省	52.7	52.3	53.2	50.3	-2.4
C 省	63.2	61.9	57.4	47.6	-15.6

数据来源：课题组问卷调查。

根据调查问卷统计和座谈会中小企业反映，A、B、C 三省的中小企业都享受到了中央以“营改增”等为重点的新一轮税制改革释放出的整体性降低宏观税负水平的改革红利，只是受要素成本上升、外部市场萎缩等不利因素叠加影响，企业赢利能力下降，暂时出现了国家宏观税负下降、中小企业微观税负基本保持不变的背离情形。C 省下降幅度最大的主要原因是，地方政府积极开展清费并金改革，部分政府性基金（如地方水利建设基金）减按现有费率 70% 征收，涉企行政事业性收费项目属全国最少省份之一。

3. 全球排名

从全球若干经济体的横向比较来看，如果把A、B、C三省分别作为单独经济体进行排名，按照世界银行《营商环境报告》标准测度，A、B、C三省税务营商环境全球排名可从2013年的第80位、第68位、第95位，快速攀升至2015年的第71位、第65位、第73位，3年间分别提升了9、3、22个位次（见表4）。其中，C省提位幅度最大，主要受益于减税降费成效大影响；B省变化幅度最小，是因为各项指标均未发生明显变化；A省变化幅度居中，是因为税费负担在2015—2016年出现了一定反弹，抵消了因纳税时间大幅缩减带来的位次提升，进而整体拉低了税务营商环境的全球排名。

表4　2013—2016年A、B、C三省税务营商环境全球排名情况

（单位：位）

项目	2013年		2014年		2015年		2016年	
	全球排名	前沿距离	全球排名	前沿距离	全球排名	前沿距离	全球排名	前沿距离
A省	80	74.29	74	75.81	71	75.93	63	78.17
B省	68	77.42	63	77.92	65	77.68	—	—
C省	95	72.22	93	72.93	73	75.72	—	—

数据来源：课题组问卷调查。

注：因“税后流程”指标数据缺失，故无法比较B省和C省2016年度全球排名情况。

总体而言，纳税时间、税费负担两个指标，是世界银行评价税务营商环境优劣的核心指标。前者实质上是衡量纳税便利度，后者实质上是衡量企业的税费负担水平。根据该指标体系的测度，A、B、C 三省的税务营商环境整体上已达到全球中等偏上水准，这从一个侧面反映出我国税务营商环境持续优化和提升的态势。伴随着经济增速换挡的企稳以及企业转型升级能力的增强，中小企业的赢利能力也将再次提高，进而带动税费负担水平的稳步下降，再加上企业对金税三期系统等信息化手段运用熟练程度提升，纳税时间仍有缩短空间，我国税务营商环境的全球排名还将进一步提高。

三、存在问题与建议

根据问卷调查和实地调研发现，近年来我国税务营商环境虽有明显改善，但仍存在一些新问题亟待优化：一是加大减税降费力度的呼声仍较高。个人所得税、社保费、残疾人保障金和工会经费是企业反映最集中的四个税费种，超过八成的受问卷调查企业建议进一步降低上述税费种的税率、费率。其中前两项已纳入世界银行税务营商环境税费负担指标，后两项虽暂未纳入指标，但因多地划转为税务部门征管后，执法刚性显著增强，费金收入增速远超企业利润增速和税收增速，引发了部分企业较强烈的抵触情绪。二是部分纳税人的学习能力提升滞后于税务信息化的创新步伐。“互联网 + 税务”大幅缩短纳税时间，提升了纳税便利化程度，受到全体纳税人的广泛认可和好评。但受经营规模、员工素质、学习成本等多重因素制约，仍有接近 1/3 的受问卷调查企业认为，税务信息化部分举措创新步伐较快，熟悉新系统、熟练掌握新软件等至少需要 6 个月或者更长的学习过渡期。三是非主观故意失信行为的惩戒力度违背比例原则。自2014年新的《纳税信用管理办法（试行）》出台以来，税务部门明显强化了对纳税信用的管理和级别评定，一些企业明显表示了不适应。如有企业反映，对一贯守法经营的纳税人（如A级）偶然情况下因非主观故意违反税法而被处罚，会直接降为C级或D级纳税人，有失公平；另有企业认为，D级纳税人评价会保留2年，且第三年纳税信用不得评价为A级的规定，对中小企业而言，惩罚过重。在政府部门、银行商业信用等联合惩戒下，过重的惩戒力度违背行政法的比例原则。

针对上述问题，建议以中央深化“放管服”改革优化税收环境为契机，重点做好如下方面工作：一是提速重点税费种改革。尽快出台建立综合与分类相结合个人所得税制的试点方案。在全面考虑划转国有资本充实社保基金、提高基础养老金统筹层次的基础上，阶段性降低养老保险单位缴费比例2%～3%，同时将养老保险缴费基数由员工工资收入修改为最低工资标准。进一步修订残疾人保障金、工会经费征收使用管理办法，按照“以支定收、总量控制”原则，把“十三五”期间残疾人保障金、工会经费规模控制在“十二五”期间的平均水平，避免因费金增长过快引发中小企业短期内费负大幅攀升。二是持续优化税务信息化建设。目前，“互联网+税务”创新应从问题导向，转向问题导向与需求导向并重。特别是在今后新系统新软件正式上线运行前，既要设置一个较长的合理过渡期，又可参照广东等省份实行的“纳税服务体验师”做法，邀请部分纳税人代表提前体验、预先操作、模拟申报，最大限度降低纳税人的学习转换成本。三是健全完善纳税信用等级评定机制。把《纳税信用管理办法（试行）》第三十二条第（七）款“D级评价保留2

年，第三年纳税信用不得评价为 A 级”进一步修订为“D 级评价保留 2 年，第三年纳税信用符合规定要求后，可评价为 A 级”。以纳税人分级分类管理改革为契机，遵照行政法比例原则，引入失信申诉、信用修复等灵活机制，真正实现失信高的纳税人惩戒力度大、失信低的纳税人惩戒力度小的目标。

（报告执笔：魏升民　向　景）

【专家评议】

科学比较企业税负，努力优化税收营商环境

龚辉文
（国家税务总局科研所研究员）

广东省地税局科研所对税收营商环境问题已作了多年的跟踪调查和研究，形成了比较完整的评价指标体系，也提出了不少建设性的意见，对改善我国税收营商环境具有重要的现实意义。这次很高兴有机会参与这一主题的交流讨论。关于税收营商环境问题，我自己并没有进行系统、深入的研究，但在谈到税收营商环境问题的时候，税负的高低往往是大家关注的重点，因此我就税负问题谈点粗浅的认识，供大家批评参考。

一是在比较税负时要注意区分税与费，注意税负的同口径比较。微观上，当我们谈到企业税负时，往往讲的是企业的税费负担。这从企业角度来说，是无可非议的，因为向政府支付的，无论是税还是费，都构成企业的现金流出，都是企业经营所付出的税收成本。但从营商的制度环境的评估角度来说，税费不宜混淆，不应将“企业税费负担重”等同于“企业税负重”。因为，要调整政策，改善制度环境，就需要区分税收制度与收费制度，“费重”需要降“费”，“税重”才需要减“税”，具有税收性质的收费，则需要“费

改税”，不合理的收费则需要取消。宏观上，当我们讨论宏观税负时，存在不同口径的争论，即“税收”的口径从窄到宽，由是否包括“社会保障税”（社会保障费）到是否包括财政收入中的“非税收入”、政府性基金收入以及其他政府收费等不一而足，因而会有不同的结论。我这里想说的是，在进行宏观税负的国际比较时，不论采用何种口径，都应该坚持同口径比较，避免用国内的宽口径与国外的窄口径相比。

二是企业税负在国内企业之间的比较，要区分企业税负的高低是由税收政策原因造成的还是企业经营水平造成的。有一个指标经常被企业用来反映税负重的依据：企业缴纳的税款（包括间接税）占利润的比重。如有的企业税负达到百分之一千多。其实这么高的比重，很大程度上不是反映企业税负有多高，而是反映企业的盈利水平不理想。不同的指标有不同的经济含义，不能简单地就用来证明企业税负的高低。

三是企业税负的国际比较，重点不是间接税（增值税），而是直接税，特别是企业所得税。因为增值税的进口征税、出口退税机制，使各国增值税（或销售税等）税率的高低不会影响国际的企业（产品）的税负水平，其税负水平最终由消费地国家的税率决定。媒体上有一个广泛的说法，即在中国“6 000 元的手机要缴 1 020 元的增值税”，而美国没有增值税，所以中国企业税负重。这一说法其实是站不住脚的：中国生产的手机出口到美国，缴纳的增值税享受出口退税，在美国销售时将同美国生产的手机一样按当地的零售税税率缴纳零售税；同样地，美国生产的手机在中国销售，进口时同样要缴 17% 的增值税。但直接税，特别是公司所得税税率，会直接影响国际资本的收益率，这就是为什么公司所得税税率成为国际税收竞争的重要手段，也说明为什么世界公司所得税税率一直以来都呈持续下降趋势。这也是美国特朗普政府要将联邦公司所得税税率降至20%，并引起国际社会普遍关注的原因。

四是减税幅度不是取决于纳税人的需要，而是受制于财政承受能力。因为，从纳税人的角度，当然是税负越轻越好，如果可能，最好不用缴税。但现实社会需要政府的存在，需要政府提供公共服务，因此需要税收的存在，故而合理的税负水平取决于政府提供公共服务的水平。在既定分配格局下，降税幅度要以不影响政府提供正常的公共服务为前提。我国现行财政赤字规模已占 GDP 的 3%，在经济仍然保持 6.5% 以上增速的情况下，财政赤字规模仍呈扩大趋势，而各项民生支出刚性特征明显，因此减税政策的设计必须考虑财政的现实承受能力，一些大幅度减税的政策建议，固然吸引眼球，也能获得大片的叫好声，但如果真的付诸实施，可能会带来巨大的财政赤字风险，进而影响今后经济发展的稳定性。与此相关，税负高低作为营商环境指标之一，必须与政府提供的公共服务水平相联系。不考虑政府公共服务水平，单纯地比较税负高低失之偏颇。

构建公平公正的税收营商环境

白彦锋

（中央财经大学财税学院院长、教授）

十九大报告指出，要建设现代化经济体系，推动形成全面开放新格局，加快培育国际经济合作和竞争新优势。税收营商环境是影响企业投资创业积极性的重要方面，具有举足轻重的影响。为此，国家税务总局高度重视，仅2017年以来就接连下发了《国家税务总局关于印发压缩办税时间优化营商环境改革实施方案的通知》《国家税务总局关于进一步深化税务系统“放管服”改革优化税收环境的若干意见》等多项针对性文件。

一、虚功实做，高度重视税收营商环境

按照世界银行等关于税收营商环境的指标体系，其中包括了税收法治、税收效率、纳税成本和社会满意度等多方面的内容。事实上，税收确实是影响企业决策的重要因素，但很多时候并非决定性因素，纳税人要考虑市场状况、综合用工成本、产业配套体系等多方面的因素。如果为了领取某项收入而多跑几趟，社会公众还能理解；但为了缴税还要往返周折，纳税人可能就要牢骚满腹了。更何

况当今国际经济竞争日益激烈，美日欧各国无不大打“税收牌”，通过种种手段向纳税人示好。在这种情况下，我们更需不遗余力地改善纳税人的营商环境。

最近，美国、英国和法国信誓旦旦地声称要降低的多是企业所得税的税率，如果我们看到这些国家财政支出依然如故，甚至有增无减，那么就不会被这些宣传战迷惑双眼。具体来讲，企业所得税税率降低的同时，如果税前扣除项目减少从而做大税基，企业的所得税负担可能并未真正减轻。从这种意义上讲，对企业发展更重要的是企业所得税与增值税、消费税等诸税种综合考虑，税费与水电煤气等公用事业负担综合考虑，这是我国推进供给侧结构性改革的要旨所在。然而，我们也要认识到，在当前国际经济下行压力较大的背景下，国际税收竞争既有真正降低企业税负的“真金白银”，也有刻意作秀单纯降低名义税率的“虚情假意”。但是，在国际经济竞争日益激烈的情况下，二者都可能对国际资本动向产生实实在在的影响，所谓“假作真时真亦假，无为有处有还无”，我们必须高度重视国际税收竞争舆论战，不能被国际税收竞争的烟幕弹牵着鼻子走。不管是美联储定期召开的议息会议还是特朗普的税改大戏，都是“重过程而轻结果”。在这一过程中情节不断、高潮迭起，吊足了投资者和纳税人的胃口。而最终可能根本没有加息或者加息有限，可能根本没有减税或者只是名义上减税，但是大打舆论战，树立了美国加息和减税的国际形象，成功驱赶国际资本“飞蛾扑火”、回流美国。因此，对我国的企业税收营商环境的完善工作必须高度重视、高调进行，虚功实做。

二、放管结合，确保税收事业平稳发展

中央持续加大简政放权改革，总体上方便了纳税人到税务机关办税，但是不能因为强调了便民服务，纳税人购买发票不再像过去一样严格审查，结果纳税人随意购买发票、随意抵扣，增加了税收流失的风险和可能。过去假发票泛滥，现在尽管都是真发票了，但是税务机关管理和稽查的难度反而加大了。事实上，在我国很多地区，以票管税都还是税务管理最为有效的手段之一。发票销售作为税收管理的前置环节，一旦放松之后，事后管理难度陡增。同时，规范经营的纳税人税负增加、偷逃税款的纳税人反而得不到法律应有的严惩，最终导致“劣币驱逐良币”，税收流失可能非常严重。类似地，税收优惠是造成税收减收的重要因素。纳税人税收优惠政策由审批制改为备案制之后，也出现了“疏于管理”的问题。

此外，为了便于纳税人创业，我国推出了工商营业执照、组织机构代码证和税务登记证等三证合一的服务。但纳税人在企业注销登记的时候，单纯强调便利纳税人，结果很多欠税企业通过注销登记溜之大吉。失信纳税人在各个地区之间“打游击”，大发税收财。企业经营应当有正常的生命周期，如果短时间内“大生、大灭”，其中必然会隐藏较大的税收风险，需要引起有关部门的改革。

因此，推进供给侧结构性改革，绝不意味着放弃管理。对于纳税人既要强调热情服务、不刁难纳税人，但是维护国家税收利益、促进税收公平应该是第一位的，切不可本末倒置。要知道，税务机关作为国家执法机关，不患寡而患不均；严格规范税收秩序，不给

不法分子可乘之机，为国聚财，就是对国家和纳税人最好的纳税服务，就是为纳税人构建的最理想的税收营商环境。

三、将税收征管措施落到实处，为纳税人营造公平公正的营商环境

为确保税收收入征管到位，要加强过去行之有效的税收征管措施，努力为纳税人营造公平公正的税收营商环境。一方面，在一些地区恢复“税务所”，填补经济强镇的税收征管力量空白，防止出现税收征管力量“下不去”“不出局”的现象；另一方面，增强税收征管任务刚性和指导性，不能出现税收任务完成与否一个样的现象。税务机关在税收征管上不能有所顾忌，要敢于管理、善于管理、创新管理，如果因为所谓的税负问题在税收征管上有所忌惮，就会为不法纳税人增加浑水摸鱼的机会和可能。

从“最多跑一次”看浙江税务营商环境

林　森

（浙江省地税局科研处副处长）

营商环境就是生产力，李克强总理在2017年6月全国深化“放管服”改革电视电话会议上强调，要做好“放管服”改革，为公平营商创条件。国家税务总局王军局长也明确要求，努力推进税务系统“放管服”改革提质升级，要结合营商环境评价标准，持续改进和升级纳税服务工作。浙江省地税系统从纳税人办税体验出发，加速推进“放管服”改革浙江版——“最多跑一次”改革，让纳税人办事“最多跑一次”，甚至“一次不用跑”，着力营造更优营商环境，切实增强纳税人的满意度。“最多跑一次”是指，群众和企业到政府办理“一件事”，在申请材料齐全、符合法定受理条件时，从受理申请到作出办理决定、形成办理结果的全过程一次上门或零上门。2017年1月，“最多跑一次”改革列入浙江省政府工作报告。

为推进“最多跑一次”改革，浙江省地税系统在管理中实现了三个转变：

一是管理理念上由“问题假设”转变为“诚信假设”。税收管理理念方面，在以“问题假设”的前提下，出于“防范”需要会不可避免地导致“一人生病，全体吃药”的现象，反映在具体管理中就是纳税人报送资料多，审批事项多，办税程序复杂。坚持“诚信假设”的管理理念，进一步厘清了征纳双方权责边界，明晰了纳税人申报纳税义务和税务机关管理义务，回归纳税人“自主申报”的本质，还责于纳税人。由此可以进一步取消行政审批和前置性审核事项，减少纳税人上门办税次数，精简纳税人资料报送；而税务机关保留抽查、取消、惩戒的权力，可以减少许多不必要的流程和不必要的资料。

二是管理方式上由“税务局管理”转变为“大税务管理”。突破管理部门限制，把税务局在内的各个政府部门视为一个整体，即使是政府其他部门管理的事项，在信息共享条件下，只要税务部门可查、可用，也可纳入税务管理的范畴。部分业务流程可以通过政府各部门分口把关、互联互认，实现部门间不再重复审核。突破管理地域限制，把全省各级地税局看成一个大的税务局，只要办税标准统一、资料信息共享，就可实现“全省通办”，纳税人报送资料就地保存即可。突破资料保存限制，不应认为把资料送到税务机关才算纳入管理，把资料保存在企业，实行“留存备查”，也属于“大税务管理”的范畴。

三是事中事后监管上由“面面俱到式管理”转变为“风险评估下的分类分级管理”。面面俱到式管理容易培养纳税人依赖思想，造成纳税人“等、靠、要”，容易混淆纳税人与税务机关责任，增加了税务机关的执法风险。因此，基于“放管服”要求，要构建以大数据体系为基础的风险管理机制，实现差别化管理和大数据管理。构建以数据治理为重心的税收信息化体系，以金税三期系统为基础、以电子税务局和大数据平台等手段为支撑，打造“互联网＋税务”

信息化体系，打破“信息孤岛”，实现数据共享。实施风险分类分级应对。根据大企业、重点税源企业、一般税源企业的不同特点，灵活运用风险管理流程和方法，分类开展税收风险管理。对信用级别低、风险等级高的纳税人实施重点监控；对风险等级低的纳税人主要做好风险提示提醒，促进纳税人自我修正、自愿遵从；对信用级别高、无风险的纳税人避免不当打扰。

目前，浙江省地税系统管理企业和个体工商户 493 万户、2 408 万个人所得税纳税人、1 656 万社保费缴费人，办税事项多、办理频次高、办件总量大，是全省各个办事单位中办件量比较大的部门，2016 年全省地税系统年办件量 5 500 万件，约占全省各部门办件总量的 18%。经过 2017 年 2 月梳理公布事项清单、3 月精简资料和事项、4—6 月推出十大综合改革举措以及现阶段的拓展智能办税、破除“信息孤岛”四轮改革，浙江省地税系统目前已实现 96% 的办税事项“最多跑一次”，其中 72% 的办税事项“零上门”；办税事项精简了 73%，办税资料减少了 36%，使纳税人办事更简单、更便利。

走进新时代，继续努力优化税务营商环境

文 英

（珠海市地税局党组成员、总经济师）

今天，在举国上下深入学习贯彻十九大精神重要时间节点上，我们相聚在美丽的侨都江门，参加广东省地税局科研所主办的 2017 年第 3 期以“新时代与税务营商环境优化”为主题的“岭南财税坊”活动。参加这次活动我有三个体会：

体会之一，专家云集。今天，本次论坛可谓高朋满座，既有国家税务总局科研所的专家，首都高校的教授学者，兄弟省市的税收科研骨干和领导，也有长期工作在珠海、中山、江门税收第一线、最基层的同志们，还有企业和政府部门的代表。既高大上，又最接地气，最有发言权。

体会之二，品牌闪亮。第一个品牌是“岭南财税坊”。这是一个较高层次的财税主题讨论活动，群英荟萃，每次活动都是一次思想的盛宴，精神的大餐。第二个品牌是税务营商环境调研。广东省地税局科研所从 2012 年开始着手研究税务营商环境，至今已有 5 年时间，已形成连续动态监测数据，用大数据说话，为广东税务营商环境画像，既有省际的横向比较，又有省内各市各区域的比较，资料翔实，分析到位。很多结论已经转化为实实在在的决策和生产力。

第三个品牌是珠海、中山、江门一体化。今天来参加论坛的有很多是珠海、中山、江门三市地税局基层一线的干部。珠海、中山、江门三市，一衣带水，各有千秋，大家汇集在一起，互相交流，互相学习，取长补短，成效明显，收获很大。

体会之三，开展营商环境的研究是中央强调的“放管服”的需要，具有重要意义。营商环境是一个国家和地区经济软实力和竞争力的重要体现，打造良好的营商环境，是我国进一步激发全社会创造力和发展活力的重要着力点。税务营商环境是世界银行每年发布《营商环境报告》中提到的影响企业生命周期的重要领域之一。一方面，我们应当跳出税收看税收，视野扩大一些；另一方面，也要着力为纳税人营造公平公正的税收环境，在纳税便利、纳税人主观感受（比如办税便利程度、办税时间、办税效率）等方面作出最大努力。

近年来，珠海市地税局紧紧围绕“服务效率最高、管理最规范、成本最低”的要求，坚持需求引领、问题导向、精准施策，持续深化“放管服”改革，优化税务营商环境，如不折不扣地落实税收优惠政策，进一步在降低办税成本、简并办税事项、优化办税流程、缩短办税时间、实行智能办税等方面作了一些有益探索。我们将进一步借十九大的东风为优化珠海的税务营商环境继续努力！

深化税收营商环境，塑造地方发展新优势

蒙全忠

（中山市地税局党组成员、副局长）

广东省地税局科研所的同志就“新时代与税务营商环境优化”调研课题作了很好的介绍，几位专家和领导随后作了精彩的点评，让我受益良多，启发良多。对于本次主题讨论活动，我有三个深刻感受：

第一个深刻感受是，广东省地税局科研所关于税务营商环境优化的课题就是我们学习贯彻十九大精神的内容。我们税务部门不仅仅是“坐而论道”，更有“起而行之”的行动。近年来，党中央、国务院以及国家税务总局和广东省委、广东省政府都把营商环境提到非常高的位置。习近平总书记明确要大力营造“稳定公平透明的营商环境”，李克强总理强调“营商环境就是生产力”，国家税务总局也出台了优化税收营商环境的30条举措。可以说，税收营商环境的优化已经越来越成为当前和今后地税部门的重要工作内容和工作方向。广东省地税局科研所从2012年就已经深入切入这个课题，可以说，前瞻性非常强。今天我们在座大部分是来自珠海、中山和江门的基层一线税务干部，本次研究课题为我们的税收实践提供了一个非常好的视角，对厘清工作思路有很大的帮助。特别是对于税收

营商环境涉及的一些重要具体指标，比如纳税次数、纳税时间、纳税负担都进行了非常精准的分析。这对税务部门下一步聚焦优化税收营商环境、深化“放管服”改革、落实好上级部门工作部署提供了更强的动力、更清晰的目标。

第二个深刻感受是，本次主题讨论活动为进一步优化税务营商环境引来了思想活水。国家税务总局科研所龚辉文研究员分享了他长期从事税制理论研究的深度思考，以及从软环境硬环境两方面入手优化税务营商环境的精辟观点，使我们倾听到了来自高层的理论声音。中央财经大学财税学院白彦锋院长对税务部门抓好对内对外税收工作两个平衡的真知灼见，启发了我们既要不断总结、反思做好纳税人的管理服务，又要进一步增强定力和自信，塑造更加良好的税收环境的紧迫感。浙江省地税局科研处林森副处长的发言，更是勾起了我前段时间去浙江杭州进行地税调研学习的经历的回忆。浙江从省委、省政府到税务部门都非常重视优化税务营商环境，地税创新工作走在全国前列。如浙江省是全国最早提出办税“最多跑一次”的省份，启迪我们思考如何进一步优化纳税人办税流程、办税资料，努力让纳税人“付出更少一些，获得更多一些”。

第三个深刻感受是，本次主题讨论活动为珠海、中山、江门三地地税深化合作开了一个好头。“岭南财税坊”是广东省地税局科研所近年来着力打造财税智库建设的重要载体和高端平台。感谢广东省地税局科研所提供的宝贵平台，使珠海、中山、江门三市地税系统税务干部，以及江门地区的财税经济部门领导及大企业纳税人代表有了一个难得的交流平台。特别是三地税务部门的同志能坐下来，敞开心扉畅所欲言，碰撞思想火花，为我们思考、营造更好的税收环境提供了难得的契机。接下来，我们将立足税收职能，紧紧围绕广东省委、广东省政府和上级部门的部署，进一步研究深化税收营商环境的方式方法，努力增强企业发展新动能，塑造地方经济发展新优势。

最后，我想结合中山地税的一些实践探索，与大家一起探讨未来如何优化税收营商环境，恳请大家批评指正。一是针对办税次数减少和纳税时间减少方面，中山地税通过提高线上办税水平，推动办税从“最多跑一次”逐步向“一次也不用跑”转变。比如在二手房涉税业务办理中，中山地税通过制订、落实“移动互联网+纳税服务”工作实施方案，开发手机App、应用“扫码缴税”功能等，使办税模式逐步朝线下办税到电子办税再到移动电子办税方向深刻转变，更加贴近互联网时代现代人的办税需要和办税习惯，纳税人只要动动手指就可以完成申报、纳税全过程，节省了大量纳税时间和纳税次数。二是针对减轻税费负担指标方面，我们通过找准税收优惠政策精准推送关键点，不折不扣落实释放各项政策“红利”，为企业发展注入了新的活力。虽然税收优惠政策的出台制定主要集中于国务院、财政部和税务总局，地税部门尤其是市级及以下地税部门除用足用好地方税权外，主要是贯彻落实。但税务基层只要找准着力点，也可以大有作为。比如中山地税依托大数据技术探索加强纳税服务，目前正在跟腾讯的“数据云”开展深层合作和探讨，推动税收优惠政策精准推送、精准辅导，实现各类型企业、各行业企业与其所能享受的优惠政策智能判断、自动推送、精准对接；又比如对于高新技术企业的研发费用加计扣除企业所得税优惠问题，我们正在探索利用财政资金购买服务的形式，通过“政府掏钱、企业受益”模式，主动帮助高新技术企业充分享受优惠政策，在经济浪潮中“轻装上阵”，真正推动创新驱动发展战略在南粤大地落地生根、开花结果。

【互动交流】

优化税务营商环境，小地方有大作为

李立生

（江门市蓬江区地税局党组书记、局长）

优化税务营商环境，基层税务部门应发挥更大的作用，包括持续提升纳税服务、不折不扣落实优惠政策以及围绕“放管服”着力优化纳税流程、切实降低办税时长。

一是以优惠政策落地促进企业税负降低。上级制定税收政策，尤其是税收优惠政策，对于基层税务部门来讲关键是通过多种方式宣讲促政策落地、让纳税人切切实实享受到政策“红利”。我们举办大企业“世界咖啡馆”主题活动，很多大企业集团公司都提出税收政策出台后，企业与税务部门对同一政策的理解会出现偏差，要求税务部门对一些税收政策，特别是税收优惠政策给企业进行量体裁衣式纳税辅导，让企业更好地去理解，更好地执行相关税收政策。大企业如此，更遑论中小微企业了。这也要求我们基层税务部门要想方设法，创新方式搭建税企交流互动平台，确保纳税人享受相关税收优惠政策，切实降低税负。

二是以纳税流程优化推动办税时间降低。关于办税时间，不仅纳税人关心，基层税务部门也非常关心，办税时间降下来，意味着企业成本降低了，税务机关减负了。如何降低办税时间，基层税务部门可以从以下三个方面着手：一是积极推广电子税务局，让纳税人多走“网路”，少走“马路”，进一步降低纳税人办税成本，同时缓解前台税务人员工作负荷；二是精简纳税申报资料、减少办税环节、优化办税流程，通过落实首问责任、限时办结、预约办税等纳税服务措施降低办税时间，真正实现高效提速、便民办税；三是打造税收信用体系，不断完善联合奖惩机制，以税收信用体系推进诚信社会建设，提升纳税人税法遵从度。

打造更加有效良好的税务营商环境

李志明

（江门市地税局税政科科长）

党的十九大报告，为进一步优化营商环境明确了方向。由于优化营商环境方面涉及的领域广、层次多，对税务部门而言，内容也十分丰富。日前，我有幸参加了由广东省地税局科研所主办，珠海、中山、江门三市地税部门共同承办的“岭南财税坊”主题讨论活动，启迪了思维，对打造更加有效良好的税务营商环境有了更清晰的思考。下面，简单谈三点体会。

（1）公正公平的税收负担，更加有效营造良好的税务营商环境。公正的税收制度，体现在税收法律法规公开透明。公平的税收执法体现在税收执法规范，包括税务稽查、违法处罚等杜绝随意性。合理的税收负担体现在实际税负应处在适当的水平。这样会更好地促进经济发展，政府税收收入也随之增加，反之则阻碍经济发展，政府税收收入也随之减少，拉弗曲线亦揭示这一原理。如江门市在房屋及转让国有土地使用权征收土地增值税方面，实际税负比其他地方高，既影响了二手市场正常交易，又影响了一手市场的成交，从而造成整个房地产市场的良性运作受到影响。建立公正公平的税收法治环境，规范税收执法行为，实现合法合理的税收负担，有效降低纳税成本，使纳税人获得更大的发展空间，这样才能更加有效营造良好的税务营商环境。

（2）省时省心的办税服务，更加有效体现良好的税务营商环境。在办税方面，纳税人常常遇到来回跑多头跑、排队等候时间长、申报填写内容多、表格设计复杂等障碍，在办理二手房交易方面尤为突出。如何让纳税人少走马路，使“最多跑一次”成为常态，解决纳税人的痛点、堵点和难点，这是税务部门值得深思的课题。在新型征管模式下，充分利用“互联网+”，发挥大数据作用，简化办税手续，优化办税流程，拓展微信、自助终端缴税新方式，真正让纳税人多走“网路”，少走“马路”，最多跑一次甚至线上全办理，一次不用跑，从而大大降低办税成本，提高办税效率，这样才能更加体现良好的税务营商环境。

（3）敢干敢当的税务队伍，更加有效拓宽良好的税务营商环境。税收政策执行上，由于税收法律法规与其他部门的法律法规重叠冲突、实施操作缺乏明细指引、历史遗留问题无法解决等因素，税务部门面临更大的执法风险。加上内外部审计、执法检查、绩效考核的追责力度加大，许多税务工作人员顾虑方面太多，出现了不敢干、不敢当，甚至不作为、懒作为的情况。这样，使得纳税人在税收政策执行上存在困惑，有的问题无法处理、解决。这就要求锤炼一支敢于开拓、敢于干事、敢于担当的税务队伍。在“有利于企业创新发展、有利于经济社会发展、有利于促进社会公平”的原则下，锐意进取，开拓创新。一方面，要完善执法风险防范机制，另一方面，还要建立容错纠错机制，确保税务人员干净办事，大胆作为，精准解决纳税人在生产经营当中遇到的涉税难题，这样才能更加有效拓宽良好的税务营商环境。

以纳税人需求为导向，优化税务营商环境

刘晓军

（珠海市地方税收研究会秘书长）

近期，我有幸参加了由广东省局科研所主办、以“新时代与税务营商环境优化”为主题的2017年第3期“岭南财税坊”主题讨论活动，很受启发。活动紧凑、气氛颇佳，台上专家侃侃而谈，台下与会代表踊跃提问，交流互动效果良好，活动结束仍意犹未尽。事后，我也对如何营造税务营商环境进行了一番思索，为纳税人提供服务，就不妨多倾听来自纳税人的声音，多了解他们在想什么、需要什么，而不仅仅由税务部门单方面研究“想给什么”“能给什么”。如果征纳双方沟通充分，相互理解和信任，那么打造税务营商环境就有了坚实的基础，就会形成双赢的局面。

站在纳税人的角度，什么是好的营商环境呢？我想至少应该包括三点：一是税费负担基本合理。这个合理即适度，偏重主观感受，而且是纳税人认为值得的、实际负担得起的。从某种意义上说，企业经营无非是开源节流，而缴纳一定税费既是法定义务，也是享受政府提供的公共服务应该支付的成本，不缴纳税费的国家是不存在的，问题的关键就在于税费水平是否合理。如果税费种类过多，税费率偏高，办税程序烦琐，纳税人“痛感”强烈，就谈不上税收环

境优良。二是缴纳税费便利快捷。许多纳税人有这样的心理：尽纳税义务我没意见，税务人员态度好我们也欢迎，但能否报税方式选择再多一些？填报的表格再少一些？缴纳税费再快一些？国地税再少跑一些？考虑到纳税人的这些需求，税务部门在征管、纳税服务、联合办税等方面还要下功夫，在运用手机、网络等先进科技手段办税方面还有较大空间。如果纳税人的办税时间缩短了，办税成本降下来了，那么纳税满意度会不断提升。三是税收环境相对公平。相对于每个纳税人个体来说，横向的比较和宏观的公平环境更加引人关注，因为这关系到企业的竞争力。在信息化、市场化、国际化程度较高的今天，任何企业都不可能独立生存。要发展强大，一个相对公平的营商环境（包括税收环境）非常必要。如果不同地区间纳税人税费负担差异明显、政策执行尺度不一，就谈不上公平竞争，就不利于企业长远发展。放到国家间也是如此。最近美国宣布大规模减税计划，对国际税收秩序和各国间企业竞争力必将产生重大影响，对此我国相关政府部门要积极应对，以动制动，及时采取适当的策略，保持我国企业的国际竞争力，更好地迎接挑战。

完善税务营商环境任重道远，永无止境。需要强调的一点是：任何税收政策的调整和税收制度的变革，都应从服务纳税人、有利于纳税人遵从的角度出发，充分听取纳税人意见和建议，了解纳税人需求，这样才能使我们的政策措施更具有针对性和可行性，才会获得更好的实施效果，也才能得到广大纳税人的理解和认同。

优化税务营商环境，让纳税人获得更多实惠

杨丰鸿

（中山市地税局办公室科员）

很荣幸参加第3期以“新时代与税务营商环境优化”为主题的“岭南财税坊”讨论活动，特别是见到国家税务总局科研所的龚辉文研究员以及中央财经大学的白彦锋教授，他们都是闻名已久的业界“大咖”，能现场聆听他们的意见和建议，受益匪浅。

营商环境就是生产力。地税部门作为其中的重要一环，该如何优化税务营商环境，更进一步释放经济活力呢？这既是会上我对白教授的提问，也是日常工作常思索的问题。我认为，税务部门集税收执法和纳税服务职能于一体，优化税收环境，就要求我们在坚决贯彻国家各项税收法律、法规、政策及规定的前提下，加强工作主动性、创造性，通过一系列制度安排，构造面向纳税人需求的税收工作体系，让纳税人获得更多实惠。主要是要做好以下四点：

首先，税制设计要更加科学合理。近年来，曹德旺的“死亡税率”问题、江苏的“希捷”事件，一时将税务部门推到舆论风口浪尖。相比其他国家，中国的税负总体并不算最高，为什么这些事件总会引发这么大的社会反响呢？根源还在于我们的税制设计不够科

学合理，让企业承担了更多的税费，而自然人纳税人承担的税费较少。这实际是因为税制总体推进落后造成的。未来税制改革，将逐渐从间接税为主向直接税和间接税并重转变，让广大群众日益增长的工资薪金、房产土地、股权投资等收入与缴税义务挂钩，为企业多做减法，让个人多做加法，营造更加公平正义、可持续的税收环境。

其次，要了解纳税人的“真实”需求。经济越发达，税收征管水平越高，并不直接与纳税人满意度挂钩，某些时候甚至还会出现经济发达地区与纳税人满意度测评成绩倒挂的尴尬局面。2016 年，中山地税通过大规模开展“问优促”活动，连续 7 个月举办“您满意我动力”便民办税全体验活动，邀请 100 多名纳税人、高校学子、税务专家学者组成体验员、体验师到各办税点去实地体验，再针对性地优化办税流程，简并办税资料，规范税收执法，提升办税效率，纳税人满意度一举提高了 13 名，名列全省第七、珠三角第二，这就是洞察纳税人真实需求的正面促进作用。

再次，要坚决落实税收各项税费优惠政策。要树立“不落实税收优惠政策就是收过头税”的理念，企业和个人按照法律和政策规定可以减免的，不仅要允许其减免，还要为其减免创造条件。要开展常态化、制度化的政策宣传，针对纳税人类型提供“精准式”优惠政策推送和“跟进式”辅导管理，帮助纳税人轻装上阵，全面释放政策红利。

最后，要用足用好地方税费权力。2015 年，中山地税在全省率先向市政府建议取消堤围防护费市级收入，在一定程度上改善了税收营商环境。但考虑到美国税改对全球的冲击逐步发酵，日韩跟进的背景下，我国税费负担还有下降空间。市级税务部门也可以有所作为，可在权限范围内，进一步推动省市两级政府以及国家税务总局、广东省地税局加强统筹，通过降低土地使用税、耕地占用税，降低社保费缴费率等各种方式，进一步优化我省税收营商环境。

后　记

本书是2017年广东地方税收科学研究所创办“岭南财税坊”税收学术研讨活动的成果总结，现结集出版。在此，谨向对我所税收科研工作给予大力支持的各级领导、专家学者和全体作者表示衷心的感谢。

本书由广东地方税收科学研究所主编。广东地方税收科学研究所向景、钟云姗、梁若莲、魏升民、谢丽文、陈莹、王海、李兴蕊、吴澜等参与了本书的编务工作。若有疏漏之处，恳请读者批评指正。

广东地方税收科学研究所

2018年5月